U0057500

AQUARIUS

AQUARIUS

AQUARIUS

AQUARIUS

Vision

一些人物，
一些視野，
一些觀點，
與一個全新的遠景！

標籤不能決定我是誰

破土而出的黑色生命力

莊詠程（諮商心理師）◎著

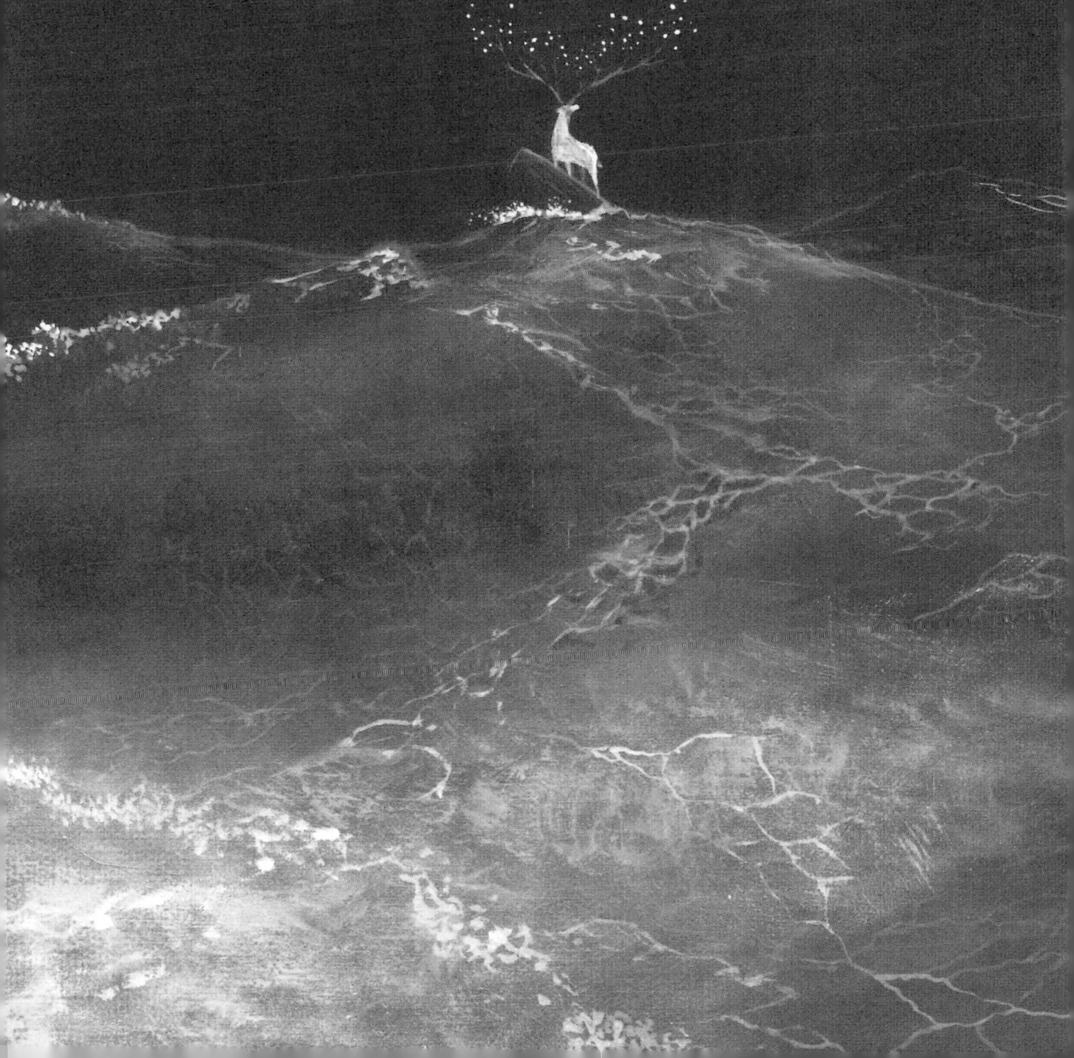

這是一本讓人翻閱了就停不下來，
卻又不忍不停下來的文本。
生命能這麼荒謬痛楚，卻又能這麼有韌性，
只能讓人一嘆再嘆……

——李崇建（作家）

推薦序——

看清關係，界定自己

◎江文賢（婚姻與家庭治療博士／心理師）

家族治療大師莫瑞．包溫（Murray Bowen）曾說：

「生命給了你一手牌，你不會再多得任何一張牌，就端看你如何玩這手牌。……如果你對（家庭）系統理論夠了解，就會有方法打贏這個自然注定的牌卡遊戲，你可以打敗莊家，而不必只當這（家庭）系統的棋子。」

每個人手上有哪些牌，早在成長過程中，就已經被自己與家人共同建構出來。有些人被自己的情感所迷惑，未曾認清自己手上的牌，在不屬於自己的牌局上，打一場不會贏的遊戲，生命就持續在挫敗、抱怨與悔恨中度過。當然，也有人能夠清楚讀懂自己手上的牌，掌握出牌時機，甚至創造有利於自己牌型的遊戲規則，為自己的人生牌局贏下終極的勝利。

客觀看清自己手上的牌，就是了解家庭系統理論的基礎，也就是能夠一步一步努力去清楚認識家裡每個人，不論好與壞，都能克制自己反射性的感受，拋開個人多年成見，讓自己像個紀錄片導演一般，好奇又不失中立地去了解自己生長的家，努力讓自己更清楚每個人在家庭中如何影響他人，又如何被他人影響。

看清人我關係，是改變關係中自己的第一步。

一個人要能夠跳脫對家庭情緒性的責難，就必須站在更高的視野，如同坐在觀眾席去看球場上的每位球員，了解每位球員的相對位置與彼此關係。同時，也能夠以歷史脈絡角度，去理解父母親以及各個長輩的一言一行，又是如何受到他們個人原生家庭與各種關係的影響，形成如今的樣貌。

有了高度與深度的視野，讓人有機會看清自己與他人手中的牌卡，這就像是戴了透視眼鏡在打牌一般，明明白白，輕鬆寫意。

這說來容易、做來難，身為成年子女的人們，往往最難客觀地看待自己與家人的關係，每每家人一個舉動，就會不自主地認定家人又要怎麼了，然後自己也自動地做出再自然不過的回應。如此的一系列行為互動與反射性解讀，造就自己與家人未曾改變的自動化互動習慣，而自己也就難以真實地理解家人，當然，更遑論能夠客觀地理解自己了。

詠程在述說自己與家人故事的姿態，就是一種從情緒責難到客觀理解的蛻變。書裡不是情緒性地怪罪家人如何傷害自己，而是努力擺脫自己的主觀情緒，去理解每個人，懂得每個人故事中的辛苦，從看懂家人延伸出對家人的慈悲，也從對家人的理解，跳脫自己被家人束縛的遊戲規則，為自己手中的牌卡，找出最好的出手時機與玩法。

我坐在諮商室裡，在一個半天的時光中，享受閱讀詠程笑看自己與家人的糾葛、無助、憂鬱、認回自己的歷程，見證一位手上沒什麼好牌的人，如何搞懂自己的牌，玩出自己的樣子。

詠程，確實是個厲害玩咖！

自序——書寫的開端

你可曾想過要如何描述自己？

我們總是和過往經驗緊密連結著：做過哪些事，具有哪些頭銜、身分，有哪些興趣或能力……那些幾乎是擺脫不掉的，如同一張張便利貼附著在我們身上，與此同時，我們也藉由這些身分更加確定自己在這世界上的定位，好像總要抓住些什麼，才能去回答關於生命意義的提問。

要如何形容我呢？

身為諮商心理師，我似乎被賦予了「心靈導師」的角色，要以自身的專業協助他人，特別是得知我在看守所中服務後，大概的印象是在所內不斷「教誨」著囚犯吧。然而事實上，我在服務的過程中，經常因為陪著裡頭的「同學」回顧他們成長的歷程，而不時與自己曾經的成長環境相互呼應著。是什麼造成了自己和這些犯人之間的差異呢？或許不過是多了些幸運與資源吧。

我想起自己的另一面：**單親家庭，隔代教養，在家族的仇恨中成長，母親曾在性產業工作，從國立大學被退學，曾因憂鬱幾乎要放棄生命，年過三十還沒有穩定的工作……**這一個個「關鍵詞」，似乎順著我們社會對於那些不符合「雙親家庭」的想像而行，若是依循數據化的研究，或許還完美符合高風險家庭的報告趨勢。

可我沒打算僅僅成為一筆資料，隱藏在數據折線中。

我還在為了生命，奮力戰鬥著。

那或許就是這些文字存在的理由。

二〇一一年五月中旬的一個週五，重返大二的我在吃過午飯後，前往團體研討室，要與指導教授討論下學期專題研究的方向。原本將目光放在接續這學期針對外籍移工遭受歧視所做的報告，然而半路上，我忍不住想起上午的通識課，老師談起單親家庭孩子困境時所說的話。

我無法確實還原老師的論述，但是，就我解讀過後的大意是這樣的，「單親家庭的孩子一直在循環家庭的悲劇，他們從小看到父母爭執時就是以暴力解決，所以自己遇到爭執的時候，很自然地只會想到用暴力的方式去因應。很多人學壞，因為沒有人管嘛，尤其是如果單親媽媽薪水少，沒辦法滿足孩子物質上的需求，跟同儕比較又被人家笑，最後變成自己也看不起沒辦法給自己足夠環境的家長，自然造成家庭的疏離。」

一股悶氣憋得剛吃過午餐的我幾乎消化不良。

很難去整理那樣的情緒從何而來，也許是因為從小到大，即便再怎麼被灌輸父母離婚是天大的家醜，我卻不曾因為單親身分而自卑。孩子瞧不起家人而學壞的狀況，我也幾乎沒在身邊的單親家庭中見過。以學習論的方式解釋施暴原因更使我氣結，拿學術上的結果檢視「單親家庭」的視角，使得我們傾向以太過簡化的因果，去解釋這些在社會變遷下，新興且不斷擴增的家庭結構，而無以理解在家人之間隱晦、幽微的互動。

又或許是無法接受老師斬釘截鐵的語氣吧。社會難以想像經歷家庭變故的孩子不會因「創傷」而受損，自然不過的反應便是撰寫一套劇本，以符合自我的想像。

來到團體研討室，被混亂的情緒占滿思緒的我，衝動地詢問：「老師，我可以改題目嗎？」

「你想改什麼？」老師幾乎沒有遲疑便這樣問。

「我在想，我能不能做關於自己家庭的研究……」接著我幾乎是一股腦地傾倒出在課堂上氣急敗壞的情緒，然而為何生氣，連自己也還模糊。「也許我對父親還有些未竟的心結在，如果在諮商時遇到類似狀況，我擔心自己會帶著反移情，對個案有錯誤的解讀……」

其實「對未來的準備」完全不是我當下的關注，真的要說原因，或許是我在「單親家庭的孩子」這名號下走了二十多年的過程中，一個個以往被整個社會，特別是心理產業、社會學等專業視為「負向」的因子，同時卻也滋養著我，使我逐漸成長。

我好奇，這其中的差異是什麼呢？

每當有人對我說：「你看起來一點也不像單親的孩子。」在我聽來卻是五味雜陳的：難道離婚像是一把大火延燒，所到之處只有一片焦黑嗎？所謂的「單親」，只會造成不良的結果嗎？我們當中能在社會上適應良好的，只不過像是火災過後的倖存者，只能心驚地慶幸自己逃過一劫？

單親的適應歷程，難道不可能是一種力量嗎？那會不會是一個過程，由於家庭的變故，原來家中的資源結構必須進行調整，家庭成員也必須做出調適，但最終總會找到一種平衡的方式？

當然，這些假設都是後來在書寫與討論過程中，慢慢爬梳出來的。當下的我只感受到一股不吐不快的衝動，想藉由說出個人的經歷，去反映一些連自己都還不是那麼清楚的力量，就如同我在和母親一起工作時，母親藉由自己的故事，影響了無數客戶生活的過程。那時候，我只是相信這些「說」總是有個方向，有個我想達到、卻還沒能捕捉到的意義。

於是，我坐在團體研討室中，開始慢慢地述說成長當中的那些過程……

推薦序——看清關係，界定自己　◎江文賢　010

自序——書寫的開端　013

第一章 童年

謎樣的出生　028

對父親而言，接受妻子娘家的金援或許是奇恥大辱，更別說讓妻子挺著身孕還拋頭露面。這或許便是他日後背離家庭的伏筆吧？

妹妹　032

「爸爸媽媽為什麼不把我和妹妹一起接回家？」這個疑問，我始終問不出口，害怕自己像是在對父母撒嬌，而我從太小就被教導要獨立成長。

外婆家　036

二舅被火化了，封在一個小小的甕裡。外婆的眼淚不止，眼神空白著，那時候我還不知道，更多的悲劇已在那個瞬間，開始形成。

死亡陰影　045

外婆總是深深嘆息，而後是長長的眼淚，那眼淚反覆提醒著所有人：她唯一的兒子死了，那是她唯一的希望啊！於是，我成了二舅的義子，讓外婆有了新的寄託。

目錄

第三章 青春

變故 134

我害怕同學的反應，害怕老師失望，更害怕沒有人知道這一切，彷彿我在這間學校裡連一點存在的痕跡都沒有。於是我逃開了。

拒學 140

我不斷幻想著自己從樓頂一躍而下，鮮血迸散，像朵紅豔盛開的大理花，但我連孤芳自賞都做不到。是這樣嗎？無論生死，都一樣痛苦？

命理與天珠 147

眼看著母親一路這樣走過來，我受夠了無能為力的自己，於是用盡心力去感受，沒想到卻因而看盡多少不同的人生，同時也學習到了如何與母親相處。

意外 153

昏暗的車燈突然映照出一張橫躺著的臉！驚慌中，我連煞車都來不及踩，直接衝進對向車道，迎面而來的高灼光線直射進視網膜，眼底發黑……

第五章 退學

獨居 160

沒有聲音、沒有光線，沒有「人」生活著的軌跡，聞到的只有許久無人居住特有的積塵氣味，這就是我當時搬進的房子……

目錄

第七章 死亡與重生

目錄

附錄 自己，就是自己的家

第一章 童年

謎樣的出生

對父親而言，接受妻子娘家的金援或許是奇恥大辱，更別說讓妻子挺著身孕還拋頭露面。這或許便是他日後背離家庭的伏筆吧？

一個生命，兩種說法

我出生的時空背景，一直是個謎。

自父母離婚後，仇視父親的外公、外婆一再灌輸我一個充滿戲劇性的故事。他們說，父親和我二舅在大學時代是發過誓的拜把兄弟。父親在十個兄弟姊妹的家庭中排行第三，念大學時，一到放假便在已搬出老家的二哥家做板模工作，但二哥家裡人口眾多，沒有多餘房間可供他寄住，住鄰鄉的二舅便慷慨地將家中一角提供給父親，當作他在放假期間的固定居處。沒想到無意間卻助長了父親與母親間的曖昧情愫，待遠在鄉下的外公、外婆發現時，已然無法收拾。

他們說，一個颱風夜裡，外公發現在風雨中嗚咽拍打著大門的母親。當時她已懷了我，但父親正為工作衝刺，結婚不在考量之內，因此打算逼她墮胎，她連夜跑回鄉下家中向外公求助。於是，婚禮在旁人未注意到母親體態的異樣前，由外公、外婆一手主持完成。

在母親口中，則是另一個故事。母親說，當時自己已有交往多年的男友，對方的父母考慮要提親，但因外公、外婆認為對方家中粗工的背景不能與他們家相提並論，而拒絕了這門親事。至於父親，雖說出身於貧苦的漁村人家，家中又有十個兄弟姊妹，複雜程度不在話下，但是對兩老來說，在那個經濟起飛的年代裡，擁有一張大學文憑可說是績優股的保證，幾乎可以預見前途一片看好。兩相對照下，外公和外婆積極製造父親與母親接觸的機會，最後，他們兩人終於修成了正果。

懷孕卻是意料之外的事。

當時母親的子宮有些狀況，去做了檢查後，醫師告知她屬於不適合懷孕的體質，要她盡早斷了有子嗣的念頭。外公、外婆不放棄，帶著母親到廟裡求了張符，火化了和水喝下以後，接連有了我和妹妹，全家人因此說我是上天賜福，還讓我認了廟裡的王爺做「契爸」（乾爸），以求王爺保祐我平安長大。

背離家庭的伏筆

婚後，也的確是父親事業起飛的時期，財金系畢業的他，一回到家鄉便被壽險機構相中，任職沒多久便升上課長。

只是當時父親年少得志，難免有些驕傲自負，婚後第一年，在手足的慫恿下買了當時由眷村改建的一塊地，打算築自己的巢。但才開始工作第一年的他，哪裡有錢做如此大筆的投資？對於他的困境，家人始終觀望，於是他只能向岳父借了教職員生涯攢下的一筆存款，加上跟銀行貸款，才得以順利開工。

可想而知，婚後隨即擔上這麼重的擔子，家裡的經濟狀況會有多吃緊。在這樣的狀況下，母親只得同樣投入保險的行列。於是那段期間，經常可見母親挺著肚子騎機車穿梭於大街小巷，幫客人送保單。

不曉得父親的變化是從什麼時候開始的，然而，就我所觀察到父親家中的傳統觀念，接受妻子娘家的金援或許是奇恥大辱吧，更別說讓自己的妻子挺著身孕還在外頭拋頭露面。

由於工作場合的重疊，父親和母親所認識的朋友幾乎全是同一個辦公室的同事，如果說他因此有矮人一截的感受，也不是不可能，然而這樣的狀況，實際上卻是他自己一手造成。

在這樣矛盾的心理狀態下，或許早已埋下了父親日後背離家庭的因子吧？

妹妹

「爸爸媽媽為什麼不把我和妹妹一起接回家？」這個疑問，我始終問不出口，害怕自己像是在對父母撒嬌，而我從太小就被教導要獨立成長。

從小，我唯一的伴

由於家中經濟吃緊，父母雙雙為了房貸奔走，根本無力照料甫出生的我，才幾個月大的我便被送往鄉下的外公家。

或許是因為醫師的診斷而忽略了節育，一年後，家中又添了一名新成員——我的妹妹。從此，我在外公、外婆家有了伴，直到我三歲多時，妹妹被接回家。

家裡的大人們在笑談中，總說我小時候有多疼這個小自己一歲的妹妹：牙牙學語時，總是膩在妹妹的嬰兒床旁邊；大人剛泡好奶，我就拿著奶瓶塞到她的嘴巴裡；每當妹妹拿著玩具往外丟，我總不厭其煩地把玩具撿回來，重新塞進她手裡……

大人們以此做為我溺愛妹妹的證明，「還不是你從小寵壞她……」這樣的理由成了在我們兄妹身上一貫止戰的說法，於是我除了背負起自己行為的責任外，還得為妹妹負責，因為我是哥哥，而且從小開始必須學習照顧妹妹。

妹妹一直以來成長的自由，她勇於爭取、有些偏執、對自己想要的就堅持不放。成績上，也許我好過她一些，也因此在爭執時，「我就是沒有你聰明啊！」成了她最常掛在嘴邊的口頭禪，彷彿這是所有意見不合的起源。沒有前因後果，我們的爭執往往沒有出口。

「你比較聰明」、「你比較懂事」、「你懂得照顧妹妹」、「就是你從小把妹妹寵壞的，現在你也只能認命」……這些說詞反覆地在家人口中出現，我因此學會了對一切概括承受，或至少沉默以對。那樣的玩笑，一方面暗示我做為長子的責任，一方面也成了家人在面對孩子間起衝突而無力處理時，最方便的藉口。

我是這個家的一分子嗎？

我和妹妹的關係一直有些矛盾。自懂事以來的印象，父母似乎總是和妹妹比較親近，這使得我在家中處於一個模糊而奇妙的位置：在我小小的腦袋瓜裡，從來就只有父母對妹妹展開笑靨的畫面，我卻幾乎難以和父親對上眼，更遑論像親子間的交流與照顧。我一方面嫉妒著妹妹，可另一方面，在成長過程中，卻也只有她一直陪著我，不曾離開。

直到我大約三歲多一些吧，父母親在一個週末，例行性地回到外公、外婆家探望我倆，從此將妹妹接回家中，獨留我和外公、外婆住。

對我而言，這件事一直如鯁在喉：為什麼他們不把我和妹妹一起接回家？即使選擇，也應該選年紀大一些、不再需要父母時時照料的我，而非必須常常帶在身邊可能會影響工作的妹妹吧！

但我始終問不出口，即便長得多大也一樣。那樣的疑問太過尖銳，我害怕得到的答案不在自己能接受的範圍，也害怕這樣的疑問像是在對父母撒嬌，而我從太小就已經被教導要獨立成長。

一直到大學，才在偶然間聽母親提起。她說，那時候我已經在外公任職的小學附設幼稚園就讀，她和父親曾試圖接我回家，卻因為適應問題而作罷——我剛回家時，在新的幼稚園裡，完全不敢跟別人說話或眼神接觸，甚至不敢去上廁所，還曾因憋太久而尿濕褲子。

我想那樣神經質的反應，恐怕和外婆的管教方式脫不了關係吧。事實上，我直到高中畢業後，才敢使用男廁的小便斗。在此之前，無論有多急，無論廁所是否大排長龍，我也絕對不會去排隊；進了公廁裡，我只能佯裝自己肚子痛，而跑到有隔間的廁所和其他真正急的人爭道。

那樣的彆扭，一部分來自求學過程中不像一般男孩的我，總會招惹同儕在廁所裡想「驗明正身」的戲謔；另一部分，也或許與我一直找不到自己的歸屬，而時時對環境感到不安有關，加上外婆對「性」近乎仇恨的厭惡，影響了我對於自己的性別認同吧。但那些都是後話了。

外婆家

二舅被火化了，封在一個小小的甕裡。外婆的眼淚不止，眼神空白著，那時候我還不知道，更多的悲劇已在那個瞬間，開始形成。

金牌教師的宿舍

我記得那時候外公在國小任教，因為長久服務而被視為元老，固定擔任小學六年級的導師。

當時，學校還有老師宿舍，就在校門後徒步不到五分鐘的地方，是木造的日式建築，走過窄巷到底右轉，可以通往學校的福利社和六年級教室。

宿舍裡的設施一應俱全，不僅有衛浴設備、廚房、客廳和一間臥室，前、後院更占了整間獨棟宿舍的一半，現在想來真是很不錯的待遇了。

外婆在前、後院都搭了簡易的雞舍，每天下的蛋和過多的母雞就賣給附近市場的小販。前院種了棵楊桃樹，從未施肥，而只靠滿地雞糞供肥顯然不夠，每年結出的果實大小就跟我三歲的拳頭差不多大，沒能販賣，大多隨意腐爛在院前的泥地，成了雞隻裹腹的副食品。

每到下午四點左右，外公的學生們會魚貫到宿舍補習，這時，外婆的工作便是把這些不怕人的雞趕走，特別是那隻愛追著人、卻因身為雄性而始終睥睨一切的公雞。到後來，外婆乾脆設了幾個竹籠，到下午就忙著把雞隻全趕到籠中。

外婆的怨念

聽外婆說，她婚前曾在縣府做行政工作，嫁給外公後，因為當時的時空背景而必須辭職，對此，她一直耿耿於懷。

對於只有國小畢業學歷的外婆而言，無法繼續升學是最大的遺憾，是她為了家庭不得不做出的犧牲與讓步，她也經常對弟弟們提起這段往事。最小的舅公曾經因細故和她鬧翻，原因就在她認為自己從小為了改善家裡的經濟環境而放棄求學，一切的付出，只為成全家中男尊女卑的觀念，而非她能力不足，因此弟弟們應該對她多一份尊敬和照顧。

外婆對於原生家庭充滿了不滿和失望，那些不滿繼續延伸到她的婚姻當中。

對她來說，國小老師雖然是穩定的公職工作，但也只不過是吃不飽、餓不死的程度。自我懂事以來，總是聽到她因為哪個鄰居做了什麼事而破口大罵，也許是寒暄的一句話觸動她心中某個敏感地帶，或是市場小販越過她，把最後一份商品賣給其他人，或是哪個人問起她家裡的狀況……所有事都可能成為地雷。

對於嫁得比自己好的姊姊，外婆從年輕時就跟她斷了音訊，一直到後來姊夫退休後，搬到離學校宿舍十分鐘左右路程的別墅，逼不得已的情況下，她才會前往拜訪寒暄。每次回到家，便對自己所嫁的男人、所生的孩子大肆哭鬧一番：

嫁的人沒前途！

小孩的表現比不上別人好！

姊姊的小孩都已經開始拿錢回家，自己卻只能住在鄉下的一間小房子裡，還得受街坊鄰居的閒氣，那些人！

丈夫的弟弟竟然在隔壁鄉鎮養豬！兄弟姊妹關係也是一團糟，哪裡可以依靠？那些街坊的眼睛都在看！就是因為丈夫的家庭背景那麼複雜，鄰居們看自己的眼神才那麼奇怪！她是「先生娘」耶！卻總是被街坊瞧不起！

另一方面，在那個年代，並未嚴格控管教師和家長或學校間的關係。外公身為在當地第一小學任教的金牌教師，每年有許多學校新進、家長會為了不同目的，招待他到茶室應酬，久而久之，喝成了習慣。而外公酒後醜態百出，回到家對妻小拳打腳踢的惡習，自然成為外婆怨懟的最主要目標。

據外婆所說，他們的長子就是在外公醉酒後，因為沒注意到床上的嬰孩，倒頭就睡，手臂枕在孩子的胸上，醒來時便發現身邊的嬰兒已經沒了氣息。

「這個仇恨，我永遠不會忘記！」

外婆每回咬牙切齒的畫面，至今我仍歷歷在目。

控制欲，推離了所有人

因為長子早夭，外公、外婆將全副精神都投注在次子身上，卻因此造成家庭的爭端。

外婆控制一切的欲望從很早就開始——即使她聲稱一切都是因外公的暴力與脫序行為而起。二舅在生活上的確受到他們兩人全副精力地呵護，但噓寒問暖卻在不知不覺中成為太過沉重的負擔。

也許是外婆在感性時，流著眼淚對二舅說：「我只剩下你這個依靠了，你以後一定要養媽。」

或是時時刻刻地詢問那些日後她也不斷問我的問題：「要去哪裡？」「做什麼？」「跟誰？」「她是誰？」「跟你是什麼關係？」「你會養媽媽嗎？」「你恨你爸爸嗎？」

也或者，她總在有意無意地窺視和控制著二舅的生活。這樣高壓的日子，二舅受不了，藉著升學到外地躲著，即使畢業了也立刻在台北找工作。

母親曾經對我說過，她和父親結婚，有一部分原因是要逃離原生家庭。而最小的阿姨更是在我出生後不久，因為跟外婆大吵了一架離家出走，旅途中邂逅了現在的姨丈，她不顧家裡的反對，和當時離婚帶個女兒的姨丈結了婚，從此離開家庭。

早熟的孩子

雖然這樣聽起來，外婆家並不是一個好的成長環境，但當時我年紀還小，並未意識到家庭中存在的這些矛盾，只是順從地每天跟外公、外婆到學校，中午下課後，一起和外婆去附近的便當店，買她最愛的旗魚排便當。外婆的腳因為意外而受傷，所以我得牽著外婆的手慢慢走，不能像一般小孩子一樣亂跑亂跳。

在外公替學生補習的時候，我必須學會不吵不鬧，在旁邊的房間裡獨自看書或看著無聲的電視。這對於年幼的我而言似乎不是太困難，外婆甚至常因我在挑選零嘴時，會主動存下一半的錢而選擇小包零食這件事，四處向人炫耀。

「一個早熟的孩子」，這是我從小給周遭大人們的印象。

然而這樣的生活，在我升小學那年生變。

更多悲劇的開始……

當時，離家獨居的二舅準備和交往多年的女友結婚，訂婚儀式都已經辦了，眼看結婚在即，二舅卻忽然因疑似酒精中毒而住院，檢查後發現罹患了猛爆性肝炎——短短十幾天內，成了一具冰冷的遺體……

我依稀記得清晨約三、四點時，父母來接了我和外公、外婆北上，半夢半醒的我因為好幾小時車程，一到醫院只想嘔吐，但家人的反應讓我感到一股緊繃的壓力。

籠罩在不安當中的外婆不自覺拉著我的手握在她手心——那手是冰涼的，不斷地顫抖著。外婆似乎陷入一種夢囈般的狀態，眼神無法意識到任何一個眼前的人。現在想來，那大概代表她一直以來所夢想的、所構築的未來，在一夕之間成為幻影吧！

我年紀小，對於生死還沒有太大反應；即使已經有了死亡的概念，但我對二舅的記憶太過稀少，無從懷念，也不懂得什麼是悲傷。

外婆眼裡那個空白的眼神，我卻記住了。

因為是白髮人送黑髮人，二舅的葬禮無法風光舉辦，在我還沒意識到時，他已經被火化為一堆白骨和骨灰，封在一個小小的甕裡。外婆的眼淚不止，眼神依舊空白著。

葬禮結束了好久好久以後，外公無法承受喪子之慟和外婆的不穩定狀態，而委請母親將外婆和即將從幼稚園畢業的我一起接到家裡暫住。
那時候我還不知道，更多的悲劇，已在那個瞬間開始形成。

外婆

外婆的敏感、控制欲，幾乎占滿我從小的記憶，
一直到後來我才有能力看見，
她表現的那些恨，其實是因為愛得太深。

死亡陰影

外婆總是深深嘆息，而後是長長的眼淚，那眼淚反覆提醒著所有人：她唯一的兒子死了，那是她唯一的希望啊！於是，我成了二舅的義子，讓外婆有了新的寄託。

夜裡的泣訴聲

跟著外婆一起回到原生家庭後的事情，我有印象的不多，只記得有美容師執照的母親在二樓成立工作室，添購了蒸臉的機器和可以調整背部角度的躺椅，上頭鋪層碎花拼布增加溫暖性。我和妹妹沒事的時候，總愛躲到躺椅底下玩躲貓貓，當母親有客人時，則到旁邊的和室玩扮家家酒。

那時沒有什麼玩具，眷村裡也沒幾個同齡的小孩，我的活動空間只侷限在兩層樓的房子裡頭。

唯一記得清楚的是每天晚上，外婆的泣訴聲。

外婆的房間在二樓美容室旁、樓梯的右手邊。她幾乎是繭居在二樓，晚上母親做好了飯，她也不領情，得等到父親十點下班回家，她才踱著腳步慢慢地從二樓下來客廳，幽幽地說自己晚上吃不下飯也餓了，要跟父親一同吃。

等著熱飯菜的時候，父親會轉開電視機，這時外婆總是陷入深深的嘆息，嘆氣完後是長長的眼淚。

電視播放的或許是綜藝節目、或許是當時火紅的「花系列」戲劇，那都不重要，外婆的眼淚反覆提醒著在客廳的所有人：今天她出現在這個家庭中不是因為作客，是因為悲劇──她唯一的、捧在手心裡的兒子死了，那是她在婚姻當中唯一的希望啊！而曾經和她兒子拜把的那個男人，如今好好地坐在家中，圍繞著一對兒女，等著老婆熱飯菜，他的事業也同樣蒸蒸日上，也許再沒多久就要升職了。她的兒子本來也該擁有這一切，甚至更好！她的兒子成績本來就比別人好，頭腦更是優秀，要不是因為該死的他的爸爸教他喝酒，今天本來不會發生這一切的！因此她哭！怎麼能不哭？她哭得聲嘶力竭，幾乎就要暈厥在桌邊，哭累了，只能倚在沙發上。還有誰能夠依靠呢？她只能反覆一次又一次地對著那個現在成為她女婿的男人說，說她現在只能靠他了，說她的兒子和他曾經是那麼好的兄弟啊！曾經那麼照顧他啊！結果說走就走了，什麼都沒留下！她說怎麼辦啊，她以後死了都沒人「捧斗」（捧牌位），他們家斷後了！

她非得得到一次又一次的保證才能安心，卻又在午夜忍不住夢醒，從二樓慢慢地踱到一樓，在一片黑暗中屏氣凝神地抽泣著，以為自己的心碎再沒有別人會聽到。

我很難形容當時家中的狀況，類似一個壓力鍋，隨時處在瀕臨崩潰的邊緣，即使是年幼的我也能稍稍感受到那種異樣的壓力。

我，成為外婆新的寄託

後來經過家中大人們的商議，我成了二舅的義子，儀式上，不具法律效力的那種。這樣的安排解決了二舅無後的窘境，也讓外婆有了新的寄託。

在短暫和父母同住一段時間後，我再一次被送到外婆家，直到二年級的暑假才回到家中。後來我不禁想：也許當初父母再次將我送到外公、外婆家住的決定，並非如同他們口中簡單的適應問題，主要是為了擺脫外婆身上的某種悲劇性吧……而「照顧我」便成了最合理不過的藉口。

面對父母的安排，我從未被告知理由，一天下午外公出現，大人們把行李打包後便帶著我上車，像是，我本就只是外婆在搬遷時一個巨大的行李一樣。

我的童年幾乎便在這樣無法控制的遷徙中擺盪度過。

回家

父親看了第一名獎狀一眼便隨手擱桌上，繼續隨著交響樂晃動手指，直到香菸燒得老長，他眼一眨也不眨地把菸灰撣在獎狀上。好像就是從那一刻起，確定父親並不喜歡我。

嗨，我的，陌生的家

國小二年級，再次回到原生家庭，我依舊對環境陌生——該說是更陌生了吧。

原本已再次習慣外公家的生活方式，也逐漸適應了小學生活，突然又被丟進一個新的團體和環境當中，剛回家的那一個月，我對於一切幾乎無法適應。加上自二舅過世後，父母經常藉口工作忙碌，減少了到外公、外婆家的頻率，因此當我獨自被接回家時，幾乎是手足無措的。

我不習慣吃飯的時候要坐到高高的椅子上，而沒辦法看電視；不習慣父親每天很晚才回家，即使回到家，大部分的時間也只是眼神直盯著電視，或者在週末下午打開客廳的音響，旁若無人地聽著交響樂唱片。

特別是我花了很多時間，想克服自己毫無來由地懼怕父親的念頭。

父親，不喜歡我嗎？……

回到原生家庭，我最初所接收到的感覺不是欣喜，而是父親若有似無的冷眼。對我而言，父親的興趣只在客廳的音響、魚缸和妹妹身上。

我不曉得父親是否無法抓到相處的平衡點，但畢竟我只是剛升上小學二年級、未滿八歲的小男孩，我也需要父愛、也希望能有一雙溫暖的手牽著自己長大。然而，父親一回到家只會抱起妹妹，要她在他臉頰上親一下，然後就轉過頭看電視，自始至終可能連正眼也沒看我一下。

或許是外婆對「性」的厭惡，又或者我本來就是一個對肢體較為保守、敏感的孩子，每當有外人在家裡，我總會衝進房間換上長褲以遮掩腿毛，甚至連父親偶爾早回家也是一樣。然而，每當我這樣做，眼角餘光看到的父親總是一副鄙夷的神情，像是失望在我身上無法滿足他心目中「男孩子」的形象。

但他什麼也不曾說，只是把眼光釘在「除了我以外」的、其他符合他生活想像的地方：電視、魚缸、音響，或是他替妹妹買的鋼琴上。也許這只是我自己的想像，又或是因為自小離開父母的關係，我對於父親，甚至是母親的感覺，都是相當陌生的。

二年級的第一次月考，我在班上考了第一名，同學和老師因此對我另眼看待。母親要我在週六下午父親空閒的時候，把獎狀奉上。我照做了，接著緊張地期待著父親看到成績的反應，他卻只是點上菸，瞇著眼看了獎狀一眼便隨手擱置桌上，然後繼續隨著震耳欲聾的交響樂晃動手指，直到香菸的菸灰燒得老長，他隨手抓不到菸灰缸，眼一眨也不眨地把菸灰撢在獎狀上，然後隨手扔在桌角，蹺起腳繼續閱讀他的財經報導。

好像就是從那一刻起，確定父親並不喜歡我的存在。

小學在市場旁，父親開車上班時會順路經過，我卻從未習慣在那段路上的沉默。如果不是妹妹也要上學，我可能一輩子也不想坐上父親的車，無論是他等著我們上車時不耐煩的眼神，有腳踏車或其他車輛擋在前方時，他猛按喇叭用台語幹譙的樣子，還是到學校時下了車要向父親說再見（那時父親好像會溺愛地揉揉妹妹的頭吧，但我好懼怕他手上的菸味），短短不到三分鐘的路程，卻讓我覺得度日如年般難過。

那時候我還不知道，這樣的日子其實不會太久。

作秀一般的「甜蜜家庭」

大約也是在這段時期，父親開始變得不常回家。

其實一般來說，他下班回到家的時間，我們也差不多準備就寢了。有時他晚歸，可能會輕輕扭開我們的房門，抱妹妹一下再回房。那時我經常難以入睡，在分有上、下鋪的兒童床上，習慣地把身體側向靠窗的一邊，想要盡可能地不被父親發現，但那樣的舉動其實無意義，因為父親在抱過妹妹之後，頂多只會抬頭看我一眼，看看沒任何狀況就走出房門。有時候我會覺得他的眼神似乎無時無刻不在檢視著我，無論是我吃到肥豬肉時下意識地作嘔、高高站在客廳的皮沙發靠背上，或是我竄逃入房換上長褲的舉動……

父親總在星期六的下午跟部屬一起回家，對於他們而言那是例行性的部會聚餐，於我們則是難得的家庭時間。那時候，父親有個部屬的女兒念音樂系，妹妹一時興起說想學鋼琴，父親就買了一架鋼琴和全套的除濕設備，請部屬的女兒當家教，每週六抽出兩小時教導妹妹鋼琴，當我回到這個家，自然也加入學琴的行列。

老實說，我挺慶幸的，因為學琴能夠關在房裡兩小時，不必聽外頭喝著啤酒、吃著鹹酥雞的大人們高談闊論同事家中的八卦，或是哪個難纏的客戶，更不用面對那個時時讓我感覺到緊張的父親。每每我踏出房門看到的，總是這樣的景象：他們毫無節制地喝著啤酒、打著酒嗝，帶著醉意咕噥地批評公司、政府的政策，誇張地講著黃色笑話，不時拍桌作勢要起衝突；女人們若不是依順地勾著先生的手，便是和其他男人的老婆嚼舌根，私下議議著公司裡哪個女人不檢點、誰和誰的老公有一腿，又甚至是趁著酒意而做出逾矩的曖昧舉動……我難以接受這種「成人」世界的樣貌，像是和父親對我的鄙夷做抗衡一樣，默默在心中恥笑著這種逢迎而又充滿著性暗示的成人文化。

這些，便是家人和父親相處的時間了。然而在那時候我卻感覺，這個家庭在父親眼中似乎是「向他人展示」的功能，彷彿衛教廣告裡設定好的家庭背景，我們一個一個只是父親生命中的棋子，填補上他的「理想家庭」圖像裡的每一個位置，就像是臨時演員罷了，當戲散場，父親的部屬離去，母親還得掏腰包負起吃喝的花費。父親眼中究竟是否把我們當作家人呢？我始終疑惑。

爸、媽，看見我了嗎？

學琴大約學了一年多吧，我早已忘了實際的時間，只記得當時鋼琴有所謂的分級制度，會定期舉辦檢定，我通過晉級，超越了妹妹的級數。或許是因為這樣，妹妹感到意興闌珊吧，不久，她就在學琴這件事上喊停。拗不過妹妹的執拗，父母一併停了我們倆的鋼琴課。

後來，妹妹又吵著說班上同學都在上心算，於是我們被送到心算才藝班。再一次，當我高過妹妹三、四級，在妹妹的提議下，我們倆結束了心算的課程。

到了現在，我已經清楚對父母而言，這些決定都是因為生活壓力和投入成本的衡量，但是當時在年幼的我心裡，卻感覺到自己在原生家庭中好似個附屬品，只要妹妹需要的，我就理所當然地也分到一份，而妹妹丟棄了不要的，我也理當一點執念也沒有地放棄。

事實上，我只是想確認自己能夠被父母看見吧？

而我和妹妹之間一直存在著的微妙的拉扯，或是我們強烈地想證明自己的欲望，也許就是從那時候開始的。

外遇

我們和父親的外遇對象碰面了，父親寵溺著對方的兩個孩子，從我面前把盤中的菜夾給他們，嘴角洋溢著笑，我真心覺得，他們比我更像父親的孩子。

不單純的流言

在我返家不久後，父親有了外遇。

一開始大概是從父親的部屬那裡聽說的吧。美容室的幾個常客理所當然是父親課內的女同事，無論她們的用意為何，慢慢地，我們聽見愈來愈多的流言蜚語，包含外遇對象的身家背景和長相、年齡、學歷等。好事者在母親面前評論著外遇對象，「兩隻眼睛往上吊，身材壯得跟男人一樣，又黑！又醜！性格又不好，開會講不到兩句話就拍桌子！還是離過婚的耶！帶著兩個男孩子，都比你們家小孩要大了！也不知道經理怎麼想的，家裡老婆這麼漂亮，還要到外面找？」

我們因此逐漸拼湊出對方的模樣：是父親手下的某個課長，大概因為要撫養孩子，所以工作格外賣力吧。

我曉得這些流言從來不只是純然的善意，父親的成功令人眼紅，年紀輕輕事業有成，家裡有個漂亮的老婆和一對品學兼優的兒女，儼然一副政府大力推廣的優良家庭典範，招來有心人的嘲諷想來也是正常吧。而既然不好直接針對頂頭上司，就只有奚落他那家庭其實不過是海市蜃樓。

我從國小開始看著這些人對著母親痛罵父親「眼睛糊到蜆仔肉」，轉頭出門對著他人又輕蔑，「人水有什麼用？老公還不是外遇？我看她自己也有問題吧……」回過頭，另一個人又自視為正義之士，來對母親轉述這些外頭的流言蜚語……

無限循環的過程，最後連外公、外婆也曉得了這回事，甚至有好事者帶著外婆從遠處指認父親的外遇對象和兩個孩子。

所以我說自己早熟，那個早熟是無能為力的、從小耳濡目染的了，所謂人性。

好恨！我幫不上任何忙

我對於父親外遇的印象，幾乎是築基在母親一次又一次求神拜佛的過程當中。當時每個週末，外婆會領著母親到一間又一間神壇求香灰：這一家觀音媽要母親把香灰包墊在枕頭下；那一家媽祖說把香灰溶到水裡，夫妻一起喝；哪位天尊要母親帶一件父親常穿的衣服斬桃花；濟公師父卻說是什麼前世孽障未解決……

一次又一次，我們兄妹倆只是默默地將一切看在眼裡。

不曉得妹妹怎麼想。然而，或許因為從未感受過父愛的溫暖，我只覺得如果母親生活得這麼痛苦，何不早些離開？看著她每個禮拜南北奔波，每一天下午準備好晚飯後就得出門工作，燈泡要自己爬上梯子換，熱水器壞了得自己試著修理，颱風一到還必須試著獨力扛起洗衣機……我有一種深深的無力感。那時候，國小三年級的我，在母親的保護下可以說是無憂無慮地成長，然而實際上每一回看到母親獨力承擔起「父親」的角色，只能恨自己無法幫上任何忙。

那個女人，和她的兩個兒子

我記得有一回，母親大概也快忍受不了當時的生活了，於是在幾個朋友的邀約下，飛到香港進行為期一週左右的旅行。我和妹妹因此寄住在二姑家中，環境的陌生自不在話下，但真正的問題在——我們和父親的外遇對象碰面了。

父親安排了一場飯局，帶著我和妹妹前往，碰面的對象是他的外遇對象和她的兩個小孩，地點是一家我從來沒記得名字的火鍋店。

關於那頓飯局的印象，其實是很淺薄的。我在當下便知道碰面的對象是誰，然而，對於父親外遇對象的容貌卻記得很少，大概因為和其他人所形容的印象不符吧，我的確記得對方搽的鮮紅色口紅和墊了肩的套裝，但除此之外，他人所形容的諸如「男人婆」、「囂張跋扈」、「勢利眼」等印象，在她身上都看不到。

父親當時大概是為了未來離婚做準備，我記得對方對我和妹妹的態度可說相當和善，和善到有些過頭了，更像女主人在「款待客人」的錯覺。記得她不斷試圖向我和妹妹說話、夾食物給我們，而父親只是坐在一邊。

對方的兩個孩子似乎和父親相當熟稔，在桌邊玩著捉迷藏，甚至勾上了父親的脖子，而父親臉上毫無悖色。我暗想，若是自己在桌邊發出一丁點大的聲響或者說話的音量放大一些，父親上揚的嘴角大概會馬上扯下，並且朝我瞟上一眼吧。是因為對象不是自己的小孩，所以特別放縱嗎？我不曉得。但看著兩個小男孩撒嬌似地對父親說想吃什麼、夾不到什麼，父親寵溺地幫他們處理菜餚，從我面前把盤中的菜夾開，嘴角洋溢著笑，我真心覺得他們比我更像父親的孩子。

而我，或許只是父親眼中始終不及格的一個劣質品，可惜沒有七天鑑賞期可退。

傷口

年幼的我，還不懂大人世界的複雜，
直到能更透澈地，去看見每個家人的傷口，
才理解為何我們明明都受了傷，
卻仍努力地，將彼此圈在一起。
那或許，便是所謂的家庭吧。

厭惡

我很害怕啊……父親好討厭我，早就知道了，可是母親也從來沒有時間停下來。如果母親心裡也討厭我怎麼辦？因為是我害她要承受這一切的啊！這一切是我的錯嗎？

我是被人討厭的孩子嗎？

無論回家多久，我始終無法把自己視為家中的一分子，只能透過一次次相處過程中蒐集所有細微的動作，得出「父親厭惡自己」這樣的結論，然後把那個結論與他的外遇連結起來，覺得這一連串的事件都因自己而起——如果不是討厭我，父親不會在我甫回到原生家庭時發生外遇。他、母親和妹妹三個人的家庭一直很和樂，若不是因為我突然出現，這一切也許會一直下去。

然而，就是因為自己出現了，父親才會不想回家，甚至不想把薪水交回家中，母親因此被迫必須比其他同在婚姻當中的女人更勇敢、更獨立，必須想方設法撫養兩個孩子。也許母親心中也有些怨懟吧？每一天早上送我們出門上學後，就得準備去工作；到了傍晚，回家一趟準備好晚餐，又得再次出發工作，直到晚上十點半後才能回到家處理等著她的家務，甚至沒有多餘的時間多看孩子一眼。母親心裡也充滿了怨恨吧？

年幼的我還不懂大人世界當中的那些複雜，卻清楚感受到父親的失望和母親的左支右絀，因此只能這樣想。

我很害怕啊……父親從不看我一眼，他好討厭我，早就知道了，可是母親也從來沒有時間停下來。如果母親心裡也討厭我怎麼辦？因為是我害她要承受這一切的啊！她真的不會因此討厭我嗎？這一切是我的錯嗎？

鑰匙兒的日常

在長長的疑問裡，我和妹妹習慣兩個人各拿著十塊錢到市場買水煎包當早餐。星期六中午回家沒有人在，放學後要記得到市場圓環旁，買兩顆粽子回家當午餐，如果有多餘的零錢，我和妹妹會一人捧著一杯叫「綠精靈」的碳酸飲料回家，讓自己的舌頭被飲料染得又藍又綠。

星期六，母親有時候會跟著父親一起回家，也許帶著父親的部屬，那麼我們會有鹹酥雞可以吃，我可以不用寫功課，盯著客廳的熱帶魚缸發呆。

然而，若是一般的日子裡，在吃過晚飯，我和妹妹輪流洗過碗盤後，我們就得帶著當天的作業到客廳慢慢寫，等母親出門以後，偷偷打開電視機，一邊看卡通《忍者亂太郎》，一邊慢慢寫功課；只要在晚上十點母親回家前把功課做好，聯絡簿攤在桌上，盥洗後上床睡覺，等到隔天起床後，便看到聯絡簿上母親已簽好字。

外公和外婆一個月會來住個幾天，不過對我來說，差異卻只是多了幾天可以吃附近的烤鴨，還少了自由看電視的時間。我記憶最深刻的，仍然是只有我和妹妹兩人在家裡的那些長長的夜晚。

暴力

我全身發抖，心想：母親會不會就快死了呢？房間離廚房很近，可以輕易地拿到刀，我是不是應該拿起刀保護母親呢？父親會不會因此殺紅眼，反倒把刀尖刺向我身上？

鬼魅家屋

我的家位於眷村改建的窄巷巷尾，與鄰屋只隔著一條水溝寬的防火巷，稍微有點比較大的聲響，四周幾乎聽得一清二楚。

改建的格局有些奇怪，客廳臨外的大門旁，一整面的落地毛玻璃替代了實牆，或許是因為在巷尾採光不好的關係吧。但即便這樣處理，房子裡頭也並未明亮一些，反倒是一開燈，房子裡頭的動靜就會被外頭走過的人看得一清二楚。

房子昏暗的情況大概也跟父親選擇的地磚顏色有關。一樓鋪上一層暗紅的地磚，客廳隔了一座高高的電視櫃做為屏風，後頭是狹小的飯廳與廚房。客廳左側是主臥室，與我和妹妹共用的寢室中間，只隔著通往二樓的階梯及樓梯間下的廁所。

我對原生家庭的不安延續到這棟房子，總覺得屋裡每處都可能竄出威脅，特別是週末放學後，妹妹留在學校，而我獨自回到家，一整個下午面對空蕩蕩的房子時。那層不安化成鬼魅的形式，我總想像從客廳血紅色的地板爬出一個浴血的男人，下巴的肌肉緊緊嵌連著地磚，他奮力地爬起身，下顎因為大力地撕扯剩下一排牙齒和骸骨；或是在昏暗的樓梯轉角站著個穿罩裙的、眼瞳全黑的中年女子，垂著脫臼的下臂，緩緩向我逼近……

兩個孩子獨自在家這回事，就現在的眼光看來似乎不被允許，然而對我來說，反倒有些懷念。

有個晚上，有隻走錯路的蝙蝠飛進只有我和妹妹在的家中，我們驚慌地看著大概同樣嚇傻的蝙蝠在客廳四角忽高忽低地撲翅，想尋找出路。想想，連隻蟑螂亂飛都會引起一票人的恐慌了，何況是比蟑螂大上幾倍的蝙蝠！我和妹妹幾乎是目瞪口呆地不知道怎麼處理這樣的緊急狀況，短暫的腦筋短路後，我忽然想到百科全書中介紹的——蝙蝠靠著發出的音波偵測前進的方向是否有障礙物。那如果是我們發出的音波，也應該會被牠偵測到吧？

完全搞不懂「音波」和「超音波」差別的我把這個「好消息」告訴妹妹，然後兩個人一路用喊的把蝙蝠給「喊」出了家門，其實絲毫不曉得實際上有沒有效就是了……

諸如此類在日常生活中發生的小事，對我而言像是一點一點在實踐著「照顧家裡」的諾言，似乎能夠舒緩一點我自認為的，在家庭生變當中自己的責任。

而這樣的平衡，在我五年級的時候脫序了。

黑暗的一夜

我永遠記得那個晚上。我和妹妹已經睡了，卻被鄰房的一陣聲響給吵醒。

起初我以為那陣爭吵的聲音不過是動物在竄動，但在其中又夾雜著某些依稀可辨認的語言。我想起窗外水溝緊鄰著父母房間的窗戶，那道聲音便是透過窗外的窄道傳到我們房裡的。我認出了父親咕噥的聲音，似乎喝了酒。

夜很靜，除了父親口齒不清帶著酒意的胡喊以外，甚至能聽到外頭車庫裡，車子引擎發動的聲音。

父親似乎剛回到家，開了房門直接對母親喊著一連串的胡話，其中一些聽不清，只斷續地聽到「敢給我討客兄？」「乎你死！」之類的台語，而回應的是母親被枕頭悶住的喊叫聲，「救命！」「不要再掐了！」和一陣陣重物敲擊著櫥櫃所發出的聲響。

我很快拼湊出房內可能上演的一幕：醉酒的父親不知道從哪聽來莫須有的罪名，又或是認為母親在外工作損及他的顏面，卻刻意忽略自己因為外遇早已很久沒拿過生活費回家的事實，假想母親有外遇以合理化自己的憤怒。他一手掐住母親的咽喉，又擔心喊叫聲引來不必要的關注，抓著枕頭緊緊壓住了母親的口鼻，而面對母親的掙扎，父親氣急敗壞，抓著她往床頭櫃上撞。

我全身發抖，卻絲毫沒有辦法做任何動作。心想：母親會不會就快死了呢？我是不是能做什麼？房間離廚房很近，可以輕易地拿到刀，我是不是應該拿起刀保護母親呢？父親會不會因此殺紅眼，反倒把刀尖刺向我身上？

好可怕，好可怕。如果不做些什麼的話，母親會被殺的！我這樣想著，全身卻僵住，眼淚無法自主地拚命流著，完全沒辦法移動。我想尖叫，那一瞬間全身的肌肉似乎積蓄了所有的力氣，等待一個爆發的出口，我想如果我能夠叫出聲來的話，也許就可以動了，我的動作會先於想法開始行動，也許會有力氣改變這一切。然而我用盡力氣擠出的聲音，聽起來就像小狗的嗚咽一樣。說起來不可思議，但在這時我卻想：如果什麼都不能做，那麼為什麼不讓我繼續睡下呢？如果不醒來的話，也許就不用經歷這一切了吧？……

就在這時候，我聽到下鋪傳來抽泣聲，於是知道妹妹也醒來了。那彷彿就像一個信號一樣，母親在此時掙脫了父親的箝制，衝向房門大聲呼喊，把那時剛好來訪，睡在二樓的外公和外婆吵醒了。

父親原先似乎還想繼續追打母親，但是被外公、外婆阻止。父親破口大罵母親不守婦道，外婆卻反譏他自己出軌在先，對家庭又不聞不問。

他們吵架的內容，我記得的並不多，只記得父親撂下一句狠話後，轉身抓起鑰匙出家門，結束了這一晚的紛爭。

我似乎再也不曾看到父親踏入家門。

「這麼愛被幹，」父親當時這樣對母親說，「連你老母作伙帶出去，看誰要幹！」

在升六年級的那個暑假，外公、外婆藉口帶我和妹妹回鄉下玩，離了家。

第二章

家族

家醜

作文課寫到「我的家庭」，我照實寫卻惹來師長關切，外公和外婆更是強烈否認，對他們而言，承認女兒婚姻失敗等於家庭教育失敗，而這樣的家醜絕對不能被外人曉得。

無所不在的目光

很難去形容高中畢業前，那段在外婆家生活的壓抑。小時候未曾體會到的壓力，以驚濤駭浪的氣勢壓倒了我和妹妹，一連串喪子、大女兒離婚、小女兒離家出走的打擊，再次見面時，外婆的言語、行為已然近乎扭曲。

就算不說家庭環境的巨變，光是學校，就已經需要很大的力氣去調整。在眷村裡，每個人都以北京話為母語；轉學後，同學們卻是國、台語交雜，我花了好一段時間才搞懂大家在說什麼。而鄉下的大夥兒住得近，到彼此家中作客是再自然不過的習慣，然而在外婆的管教下，我們被禁止進行這一切社交行為，以至於即使長大之後，我仍對到別人家中作客不習慣，也甚少邀請朋友到家中。

外公畢竟教了幾十年的書，說起來真的是桃李滿天下，我轉學後，遇到的班導是當時校長的女兒，同時也是外公的學生，而校長和外公也有私交，我整個學習的過程因此經常被人所注目。

「你這題怎麼不會？阿公沒有教你嗎？」老師說。

「表現得很好喔，不愧是阿公帶大的。」校長說。

「你要好好加油，你阿公特別叫我關照你。」教務主任說。

這樣的情形到了國中和高中，依然沒變。

我所念的私立國中在當地小有名氣，除了來自本地的學生外，還為了南部等外地生增設了外宿的設施。當時雖然早有九年義務教育制度，仍然為了分班而舉辦了數學應試。超過六十人的班級人數擠得教室水洩不通，還得把垃圾桶往外放。原以為到了國中能夠逃過外公的耳目，沒想到，學校的教務主任是外公的學生。

家醜，絕不能外揚

因為這樣的雙重關係，讓我在學校中的一舉一動經常被放大檢視。

記得小六時，有一次作文課寫到「我的家庭」，我照實寫出，卻惹來學校師長的熱線關切。外公和外婆對此的反應自然是強烈否認，對他們而言，承認女兒婚姻失敗等同於家庭教育的失敗，而這樣的家醜是絕對不能被外人曉得的，因此在他們口中，我的家庭總是安康和樂，父親被公司委以重任而長年在外出差，母親因為獨立開店而分身乏術，只好把我和妹妹託給外公、外婆，接受最好的教育。

實際上，父親幾乎沒看過我幾眼就外遇離家了。母親在離婚後，隨即找到ＫＴＶ的陪酒工作，害怕每天以酒裹腹、日夜顛倒的生活會影響我和妹妹的價值觀及生活，而將孩子託付給教職退休的外公。

這個看似合理的安排，卻讓我們兄妹的生活起了更大的波動。

儲物症

光是大同電鍋十人份的大內鍋，外婆可以隨手從櫥櫃上拿出二十個。她還在餐桌上擺滿吃剩而尚未儲放的菜餚，有些可能放上一、兩個星期，浮了一層厚厚的黴菌……

超級沒安全感的外婆

就算沒有專業的心理知識，也足以看出外婆不穩定的狀態。即使沒有物質上匱乏的危機，外婆因為害怕停水、停電，每天在不同的地方，不停地儲水：洗衣機每天儲水到滿水位；角落、浴室裡，存放了好幾個水桶的水；並嚴格規定小便不准使用沖水手把，一旦被她發現就是一頓斥罵。

她在廁所裝了一盞夜燈，除非洗澡要比較長時間使用廁所，否則不准開燈，理由是怕太常按壓電燈開關，可能造成短路或開關損壞。我數不清有多少次為了廁所的燈源沒有在使用後立即關掉，而被她威脅要攆出家門，說我們是畜生、是孽種，沒有活著的價值。

外公的公家機關薪水雖不算多，但至少不曾讓家人餓著，外婆儲物的癖好卻依舊衍生到食物之上。從我返家以來，外婆在家擺放了兩台兩百公升的大冰箱和一台一百公升的小冰箱，每一回開冰箱，卻仍舊找不到想找的食物——每層儲物櫃都被裝著不明物體的塑膠袋疊滿，一打開冰箱門，塑膠袋就像土石流一樣崩落，裡頭可能是去年某一餐的魚湯，或是不曉得哪一年燉的肉燥，還是三個月前送進烤箱的魚片……就連外婆自己也分不清這些東西是在何時送進冰箱的。

而在日常用品上，光是大同電鍋十人份的大內鍋，外婆可以隨手從櫥櫃上拿出二十個。十坪大的舊客廳裡擺滿了這些鍋碗瓢盆，餐桌上擺滿吃剩而尚未儲放的菜餚，有些可能放上一、兩個星期，浮了一層厚厚的黴菌而被丟棄，隨便移動桌上的菜餚就會發現蟑螂四竄。

直到高中，我們都跟外婆同房睡

舊客廳的兩邊連接著臥房。我們搬到鄉下後沒多久，外公、外婆便分房睡。在外婆的控制欲下，我和妹妹沒能有自己的房間，直到高中畢業仍和外婆睡同一間房：外婆和妹妹睡在一張床上；外公和我本來睡同一張床，卻因為我翻身的習慣使外公難以入睡，他索性在另一間房擺了張床睡，讓我獨自睡在一張稍矮的床上。雖然我總隱隱感覺，分房的決定遠不只出於這樣表面的原因。

有獨立的床聽起來似乎是好一些的待遇，然而事實上，我的床有一半以上的空間被用來堆放了外婆只穿過一次、還沒打算換洗的外衣——無論洗過或是沒洗的衣服，都同樣隨意地披放在衣櫃和床鋪上，疊了差不多有三十公分高，粗估起來有上百件吧。然而，買了這麼多衣服的外婆，身上穿的卻仍舊總是常見不到十套的衣服。

心理壓迫

外婆監控著我們生活中是否有與「性」相關的蹤跡，離婚後進入八大行業的母親更成為箭靶，她咒罵母親用來養活我們的工作多麼骯髒，彷彿連那些紙鈔都要染上梅毒一樣。

之一：慮病的外婆

關於這些儲物的癖好，我解釋為外婆對於生活的不安所產生的補償行為。

外婆本就是容易歇斯底里的類型，在動了膽結石和腳部外傷手術後，更是飽受幻肢之苦。她在客廳塞了一大臉盆的西藥，儲物櫃上則擺放著各式中藥，嚴格控管自己每天幾點需要吃什麼藥、哪顆藥的功效是什麼，還有中藥和西藥在服用之間至少要間隔兩小時等等。

每天早上，外婆起床的第一件事便是排好當日一天服藥的行程。

外婆每週固定兩到三天會去看診。並不是她有什麼長期症狀，只是慮病的心理讓她不斷地勤跑醫院，一旦醫師坦言她沒有任何生理上的症狀時，她總會怒斥醫師是庸醫，或是轉而解釋為自己罹患了目前醫療技術無法判斷的特殊症狀。她一天固定量兩次血壓，每天都在懷疑是否發生了地震。

之二：情緒勒索的外婆

因為深信自己的病症是醫師無法治癒的，外婆進而研究起草藥，憑藉著草藥圖鑑上的圖片，到四周採集了各式各樣的藥草，又依照她所認定的「偏方」嚴格規定：家中每個人在夏天必須三天洗一次頭，冬天更是一週才能洗一次頭。

正在青春期的我們每天在學校日曬雨淋，哪裡有辦法忍得了三天？然而，外婆對此有莫名的堅持。即使到了高中，每當妹妹偷爬上二樓浴室洗頭被發現，外婆總毫不留情扯著她的頭髮下樓，然後狠狠甩幾個巴掌，口中說著怨毒的咒罵，說我們是父親的孩子、是冷血的雜種、是無情的畜生，又或是威脅著要把我們毒死。

正值血氣方剛的我怎麼氣得過？一次又一次的衝突，外婆哭著要我們從此不准稱她阿嬤、不准留在這間房子，然後轉頭撥電話給母親哭訴，說子孫不肖，後繼無人，死了無人捧斗……直到母親低聲下氣地懇求她讓我們留下，滿足了她，她才稍微消停。

相同的劇情不斷發生，無論是因為上廁所忘了關燈；出門忘了說再見，回家忘了問好；外婆感覺病痛時，沒有在第一時間表達關心；讀書時，音樂開得太過大聲；在課本下藏著一本小說被看見；書櫃裡偷藏漫畫被發現……我們沒有自己的空間、沒有自己的時間、沒有自己的選擇，睡覺被迫同寢，書桌被迫放在客廳中一眼就能看見的角落。講電話時，外婆總在另一間飯廳裡，拿著話筒全程監聽。連吃飯也被規定好要怎麼進食。

之三：性潔癖的外婆

與此同時，外婆近乎挑剔地監控著我們在生活中，任何一點與「性」相關的蛛絲馬跡。電視中一個親吻鏡頭就引得她轉台。她最愛的「花系列」電視劇裡，若有哪個演員因為床戲裸露了整個肩膀，我就緊張得寒毛直豎，下一刻便聽到她歇斯底里地指稱電視節目「淫亂」、「低賤」。

離婚後進入八大行業維生的母親更是成為箭靶，她總是不斷咒罵、嫌惡著母親用來供給我們生活的工作是多麼不堪入目，骯髒得彷彿連那些紙鈔都要染上梅毒一樣。

而每當我受不了外婆鎮日不停的咒罵和眼光的流毒，寧可躲到浴室以享受片刻安寧，泡澡泡到手上腳趾泛起一層皺皺的、白白的皮，她會悄悄把耳朵附在門上，仔細地聽著浴室裡頭的動靜，在經歷呼吸都要停止的半晌後，聽見她大喊：

「你沒有在玩你的身體吧？」

之四：控制狂的外婆

外婆不愛煮飯，一旦動起爐灶，總會找些細故大做文章，結局往往不是摔鍋砸爐或把冰箱門甩壞，就是她和外公拿著刀針鋒相對的場面。算不清多少次，我放學後牽著腳踏車進門，迎面的場景是外公舉著一把切肉刀作勢要自殘，外婆吆喝要他有種就往動脈割，幾次還被一同放學的友人目擊。爭執到最後，往往是外公到附近替全家人買便當裹腹，而外婆咒罵著每一個人，或是立誓有天要在飯菜裡放藥，毒死全家。

若是順利克服了煮菜的爭執，當天晚上，飯桌上會出現的可能是一整個禮拜的飯菜分量；而後，每天熱過了菜餚，外婆會湊近鍋子聞聞那鍋起泡又混濁的湯，接著對我們說：「吃吃看，如果沒有壞掉再吃。」或是以烤箱反覆加熱魚肉，直到最後魚塊脫乾水分，沾滿了烤箱的焦油和魚腥味，引不起一點食欲。

然而，即使再怎麼難以入口，外婆總會追蹤著每個人筷子的動向，一旦發現我們哪道菜沒吃，或是不小心皺起眉頭，也許又要發起一場家庭革命，我們又得面臨語言的凌遲和輕蔑。

瀕死記憶

那是誰？我已記不起，也或許是在半夢半醒間無以判斷周遭的線索，因為在那黑暗中，總有種無法確定自己是否仍活著的現實感……

「你爸爸恨死你！」外婆告訴我

外婆將所有的怨恨投射在離開我們的父親身上，日復一日，灌輸著我們是如何被父親所厭惡，而父親是怎麼樣從婚姻一開始就不想負責任。

她和外公一搭一唱，說一開始我根本就不會被生下來，說我父親對我深惡痛絕，從小時候就恨不得殺了我。

我上幼稚園時，曾因腦震盪住進加護病房。外公和外婆不斷告訴我，那是在一個週末的晚上，父親返鄉探望，晚餐喝了酒，席間外婆提到我在廚房摔一跤，頭上腫了一個包，他趁著醉意，手一揮說：「頭這麼硬，哪裡會痛？」接著舉起手上的空酒瓶就往我頭上砸！酒瓶碎了，而我倒在血泊之中，差點失了性命。

外公和外婆以此做為父親厭惡我的鐵證，他們說那時父親不曾到加護病房探望過，即使我一度在生死關頭徘徊，也只有母親和他們忙著帶我到各地的神壇求神拜佛，最後好不容易才把我救了回來。

也許是敘說過太多次，故事的細節每次總有所改變。有一回，外公露出了小腿上的傷疤，指證歷歷地說當時父親見我倒在地上還不夠，本想一腳踢在我身上，卻被他擋了下來。我對外公的指稱十分懷疑，特別因為另一次他改稱腿上那道疤是為了救學生而受傷。縱使如此，我只能接受外公和外婆灌輸的概念，越發確認父親對我咬牙切齒的恨意……

「你爸爸守著你。」母親告訴我

直到高中畢業後，偶然提起，母親告訴我，所謂「父親的惡行」從未發生過。那次腦震盪的原因，只不過是我在昏暗的房子裡幫忙時，沒注意到腳下的門檻而絆倒罷了。

母親說，父親當年知道我腦震盪以後，在病榻旁守了好幾個晚上，只因我在昏迷中而沒有記憶。

當時我昏迷了好幾天，醫師直說病情不樂觀，後來有天，母親在病床旁恍惚做了個夢，夢見自己走在一條筆直的路上，她一面走、一面瞄到背後有輛大卡車緩緩地逼近，她愈是快步想躲開，那輛車卻跟得愈近，最後她幾乎要跑起來了，大卡車也疾駛著往她的方向開。她瞄見路旁有間麵包店，連忙衝進店裡請求讓她躲一躲，卡車才沒再繼續追趕。

一覺醒來，母親納悶著自己怎麼會做這樣的夢。結果沒過多久，鄰床的家屬探頭過來，說看我這樣也有段時間了，他們認識一位濟公師父在幫人收驚，不曉得母親信不信鬼神之說……就這樣，他們塞了一個宮廟的地址給母親。

她心想，試試也無妨，畢竟醫師也看似束手無策。接近紙條上的地址時，她恍惚覺得好像不曉得什麼時候看過這個景色，直到看見宮廟一樓的門口旁竟是出現在夢中的麵包店，因此更相信是冥冥中有神佛保祐。

而我在收了驚之後，沒多久就悠悠醒轉，更讓全家人相信我與神明之間有緣。

真相，模糊難辨……

什麼才是真相？我試圖找尋回憶，那看來就像泡過水一樣，模糊而無法辨認……記憶中只有那比黑夜更黑的病房，一絲光線從門縫彼端透過來，卻延伸不到病床的此端。我在黑暗中被剝奪了視覺，聽覺變得特別敏銳，很清楚地聽見門外護士推著換藥車在病房間穿梭、遠處護理站談話的聲音，和身旁家人熟睡的呼吸聲——是誰？我已然記不起，也或許是因為在半夢半醒間無以判斷周遭的線索。在那黑暗中，總有種無法確定自己是否仍活著的現實感，短暫的印象片段反倒在記憶中鮮活了起來。但是關於自己究竟因為什麼原因而住院，我卻毫無印象。

既然如此，我何不選擇一個自己比較能夠接受的說法？當真實與否不那麼重要的時候，何必在對父親的印象中再添一筆罪？又何苦陷在仇恨中？

我後來想，自己對家庭的虧欠感，有部分也許來自外公、外婆長時間下的催化。父親離開後，外公和外婆難以接受，而將罪魁禍首指向父親，他們希望我和妹妹能夠承接起那些仇恨，背負著對父親的恨意活下去，那一方面是為了更鞏固我們能夠繼續留在他們身邊——一旦我們切斷與父親一方的連結，就只能倚賴母親這方的養分而活著吧？

而或許，藉由凸顯父親的錯誤，外公和外婆才不必去質問自己是否犯過什麼錯，而導致兒女離散的局面。他們只能相信自己無比良善，那或許是在無法掌握的命運裡，唯一可以讓自己安心的慰藉。

母親

母親和孩子，不應該是世界上最親密的關係嗎？但在我和母親之間，充斥著的卻是太多說不出口的「對不起」。那些對不起究竟是要對誰說？又要往哪裡去呢？

為了獨力養活我們

父親和母親離婚後，原來的住處依他們的協議一分為三，父母各占一份，我和妹妹共同占有一份。但在房屋尚未賣出的情況下，這樣的分配不過是空頭支票，母親因為還住在房子裡，而預付了一筆房產折合的現金給搬出去的父親，卻沒想到後來鄰居無法接受母親夜生活的生活型態，刻意擋住出入口，刮花車子，閒言閒語，逼使母親搬離房子，父親轉而遷入，當初母親給他的現金和應付的三分之二房款從此杳無音訊，他始終沒有支付給我們和母親。

由於生活費和這筆花費，加上父親原本說好按月支付的贍養費幾乎從沒兌現，經濟重擔一下像天平失去平衡一樣壓下來，於是，母親輾轉到了一家ＫＴＶ應徵陪酒小姐，當時，台灣經濟仍然一片看好，夜生活成了三教九流交際應酬的常態，也因此需要陪酒小姐充當聚會上氣氛的催化劑。雖然母親已經超過三十五歲，但終究難得有這樣高薪的工作，她只好騎驢找馬，心想只要存夠錢，就立刻離開。

沒想到這一個決定做下，直到我高三那年，她才因被酒客撞傷腳而離開。

有多愛，就有多恨

母親與外公、外婆間那種難解的情感糾葛，一直存在著。一方面，外公和外婆心疼女兒因為生活的重擔而到聲色場所工作，但另一方面，又不禁對她工作的場所有極其負面的觀感。

他們常常抓著我和妹妹問：「你們看媽媽那麼辛苦，以後工作會不會孝順媽媽？」轉個頭卻又罵，「你媽媽做那種工作賺的骯髒錢，我會稀罕？我前輩子就是歹失德才會飼到這款女兒。吃到這個歲數了，還要盧你們兩個畜生！」

母親在離婚後，買了輛小車，上路的第一天，她甚至連煞車和離合器都分不清。我記得她回憶起當時，說：「那時連死都不怕了，開車算什麼？不會？邊開邊學啊！」就這樣，母親以車代步，克服了交通問題，過著與他人截然不同的作息生活。

我們剛到外公家時，每週末下午，母親會開著車來探視我們。有一次，她鼓起勇氣向外公、外婆提到想放棄燈紅酒綠的生活，向他們借一筆錢，在附近開早餐店。外公、外婆大罵：「你哪有那個能耐？」轉個頭對我們說：「你媽媽以為我們不曉得她打什麼主意？還不是想騙我們的錢？以她浪費虛榮的天性，錢到手能留得了幾天？還不是花天酒地花光光？我們拚老命攢下來的老本，給她花完了，連你們兩個也不用活！」

母親對外公和外婆一直有些怨懟，這對父母幫她安排了一樁婚姻，婚姻沒了，卻好像是她一個人的責任，現在連條活路都不給她！他們看不到女兒每個晚上從店裡回到家吐得一整個洗臉盆，頭痛得比死還痛苦，有時醉到連眼前的路都分不清，什麼時候撞死在路邊也不曉得。

他們從頭到尾就看不起這個女兒，就算是女兒自己想辦法要爬起來，他們還往她身上丟石頭！

母親的客人

強烈的罪惡感襲擊著我。我仍舊相信這一切的罪魁禍首除己之外，別無他人。

國中時，曾有幾個週末，母親帶我們回家，卻始終難以完全擺脫工作。每當她身上的B.B. Call響起，我和妹妹便知道只能留在她的白色小March裡頭，聽著廣播，聊些日常的話題。

我和妹妹因為從小不曾分房，每天睡前就成了我們彼此交換情報和聊天的時間，聊些什麼，現在已經忘記。有時候聊得太開心，甚至一、兩個小時過去了，我們還亢奮得睡不著覺。

那時在車上聊累了，我們就睡覺，一覺起來，也許已經晚上十一點左右。我們聊著就要錯過電視《玫瑰之夜》的「鬼話連篇」單元了，同時看著母親的身影出現在ＫＴＶ門口，旁邊的中年男子摟著她的腰，調笑著，一如既定印象中的土豪形象，一張血口幾乎要貼到母親的耳上，混著血紅檳榔渣和鏞黃色菸垢的牙齒如此猥褻地暴露在空氣中，醉酒的眼神裡透著露骨的性欲……

那樣的眼神，我們當時只是懵懂地有些了解，可就像猛毒一樣深深地侵蝕入我的血骨——男人是多麼骯髒的生物啊！我在那個時候偏執得無法接受，並且在心裡將自己與他們，一刀劃開。

而那樣的母親是如此陌生。在我的記憶中，她那麼堅強，瓦斯、燈管、熱水器，只要家裡哪個地方有問題，她都一手包辦維修，而不是如此嬌態媚聲的女人姿態。

但我和妹妹有默契地不提起眼中映照著的那些，當母親開啟車門，一切又回到我們三人的生活，彷彿剛才所看到的那些從來不存在。

愈想靠近，反而愈疏離

在那樣的時光裡，我大半只是靜默著，看著車窗外的光影一幕幕逝去。

有話想說啊，我真的有很重要的話想說出口，卻無法順利地化作文字。現在想起來，大概不過就是一句謝謝、一句對不起吧。然而，那樣的話語究竟要對誰說？又是為了什麼目的、為了發生過的哪些事而說出口呢？正因為沒有明確的對象，因此始終找不到出口可以傾訴，我只是手足無措地面對著與母親相處的時間。

三個人時還好，母親總是和妹妹兩個人逛街，或是聊些女孩子之間的話題；然而，只要妹妹一不在，我總能夠感覺到充斥在我和母親中間，那些亟欲出口卻無法化作話語表達的一切。

那氣氛讓我很想逃啊。母親和孩子，不應該是世界上最親密的關係嗎？但在我和母親之間，充斥著的卻是太多說不出口的「對不起」。懷抱著歉意和不安的我，僅剩的力氣，卻只想用來轉身逃跑。

要說是害怕並不恰當，那當中交雜了太多複雜的情緒，我甚至為此潰堤過。

那時的私校都在比拚升學率，週末依舊得到校念書，我因而幾乎無法和母親見面。終於，在一次放學急著趕回家，母親卻早一步開車離開的情況下潰堤了。自己也說不上來為什麼而哭。外公和外婆問我是不是想媽媽——也許有一點吧，但我很清楚不僅是為了這樣的原因。

在內心更深一層的需求是渴望被看見，擁有一份歸屬感。

好寂寞啊，因為感受到自己真的是一個人。即使能和母親相處，又怎麼樣呢？我連該怎麼好好說話都不曉得，甚至是那麼的害怕自己得不到認同。我害怕母親也同樣把那一切苦難的源頭指向我，才對我如此疏離。我害怕母親那些沒說出口的抱歉，也許對我們，也許對自己，都是太過沉重的負擔。

有時候我會想：或許母親也懷著一樣的心情吧？她總是很少提自己生活的不如意，盡可能地在相處的時間裡，滿足我和妹妹的需求，只是我們都曉得她在生活當中的不順遂，特別是在她幾次醉酒到幾乎無法動彈的時刻。

在那樣的時候，她總是會要我們到她的床邊，反覆呢喃著，說她為了我們，什麼樣的生活都可以忍受，即便是客人拿槍指著，問她是要在手上握著的這把槍，或是褲襠裡的那把槍當中選一個，她一樣為了我們忍下來了……

母親無意洩漏的隻字片語隱含了那麼巨大的恐懼和無奈，我的愧疚因此更難以出口，化成一小片一小片刀屑，在血液裡奔流，不斷傷害著自己。

第三章 青春

反叛與適應

孩子們總會模仿大人般的殘酷，任意踐踏著其他人的痛處。我因為不上體育課而被說是「娘娘腔」，幾次被人試著脫褲子、嘲弄「要看我怎麼上廁所」……

他們要脫我的褲子

與家庭相較，我的學校生活可說相當平靜。不知道為什麼，我似乎特別跟女生聊得來，班上的女同學總在下課時追問我家中的狀況，好像那對於她們而言是一個全新的、未曾碰觸的世界，而我刻意表現幽默，來與講述的那些經歷保持著一定的距離，使那些看起來簡直像是在平行宇宙中，另一個星球上擁有「我」這個身分的人發生的事一般。來自家庭的種種壓力，使我不得不藉由其他管道向外界發聲，而在一次又一次的講述當中，我其實也刻意想藉此觸及那些同樣出身單親家庭的同學們。我總是和成績最差、老師最愛挑毛病的同學膩在一起，現在想來，那樣的舉動其實是在反叛家人口中的「家醜」，試圖找到我自己身為單親家庭孩子的定位吧？

而我始終不是主流裡的「男生」。身為男性，我從小在肢體上好像總比周遭的人來得笨拙一些，外婆「不得洗頭」的禁令更使我時時懷疑自己身上散發著體臭，因此不願意參加任何與體育相關的活動。幸好，身在以升學為主的私校，體育課形同虛設，我因此可以用「自習」的名義，在體育課時留在教室裡翻著閒書。

國中是一個現實社會的實驗場，孩子們總會模仿大人的殘酷，排擠周遭不那麼相同的個體，任意踐踏著其他人的痛處。我因為不上體育課而被嘲笑是「娘娘腔」，孩子們間的玩鬧總是過分，幾次被人試著脫褲子、嘲弄要看我怎麼上廁所後，我以自己強悍的方式，發展出了應對模式。

我假扮當時電視上男扮女裝的丑角「董月花」，要是有人嘲笑，便刻意擺出嫵媚之姿，如同舞孃一樣搭著同學身上，雙臂勾住對方的頸子，然後假意獻吻。同學總嚇得往後逃開，兩、三次後，這些嘲弄的聲音仍在，可他們再不敢做出什麼逾矩的動作。我對於這些嘲弄壓根不在乎的態度，加上在同學間的好人緣，好像也就讓我被群體接受了。

被霸凌的「七仙女」

國中生總是喜歡拿外表做為奚落他人、維持自己自尊的手段，班上有幾個女生被戲稱是「七仙女」，有人說她們身上發臭，有人說她們的抽屜裡塞滿了衛生紙和襪子，或是身上有傳染病，連她們的文具掉落在地上，大家都要特意誇張地倒退三步，像在處理未爆彈。

班上所有人中，我大概是少數不理會、也不參與這些遊戲的。那些貼標籤、奚落別人外表的玩笑話令我無言。或許因此，每回換座位時，周圍幾乎都圍繞著這些女生，我也就這樣充當著她們與班上同學間的橋梁，度過了三年

現在回想起來，或許是認知到自己處在邊緣的弱勢位置，我更不願意以一個相對優勢的位置去壓迫其他人。又或許我本就固執，早早認知到自己無法扭成社會期望下的樣貌，只能佯裝著勇敢和不在乎，久而久之就真的長了些勇氣也不一定。

對抗體制

我就在這樣的情況下度過了國中生活，接著在對於自己的興趣毫無頭緒之下，以公費

直升上高中部的自然組。

可是，縱使全校排名在前半段，我始終是自然組中的異類，物理和化學的成績加起來不到三十分。至於數學，從國三時，老師出了那些複雜到得寫滿整張考卷才能解開的證明題開始，我就完全失去興趣。到了高中更是悲劇，無論週考、小考、月考或模擬考，我總是寫了一題計算題後，趴桌就睡，只能靠語文科目將近滿分的分數彌補悲慘的滿江紅。

高中班導是學校的校長，以數學教學聞名，到班時便與外公約法三章，要讓我的數學從深淵裡爬起來，於是從一年級開始，對我進行一連串的「加強教育」。每天，他把參考書裡大堆的例題塞成回家功課，上課時要求我拎著作業到黑板前讓他檢查，毫無例外地，黑板上總有他特地準備的模擬試題。於是每天，我被逼著在眾目睽睽下對著黑板解題，一旦解不了，便被校長直接拉下台面對全班，扯著我的耳朵往下拉，要我因為浪費大家的時間鞠躬道歉，冷言冷語著：

「這些是幼稚園的題目啦，不會的全都要拉出去槍斃！」

「連這麼簡單的題目都不會，我是你的話就去死了，留在這裡幹什麼？丟臉死了！」

我只是對台下眨了個眼，為我爭取到的一點娛樂時間，向大夥兒鞠躬謝幕。

對於校長的冷言冷語，我絲毫不在意，該說跟家裡的遭遇比起來，這簡直是幼稚園的程度嗎？其實我有些佩服校長為了讓我進步，每天毫不倦怠地翻找著題目，兩年來，我絲毫沒有進步，他卻也從未有一天放棄。

到了高三，我大概是體認到要考試，或是突然開竅吧，最後數學的指考分數遠超過高標，而那還是因為校長來不及在指考前教完微積分。

高中生活對我來說幾乎是不斷被分數、考卷和棍子追著跑的過程，但在那種壓力下，青春期懵懂的那些感覺，仍然襲擊了我們這群為了升學紛紛戴起眼鏡的四眼仔。

陌生而無法接近的愛

我知道自己縱使勉強談戀愛，也無法打從心裡相信任何人，與其如此，寧可就不要了吧。我只要專注地打磨自己，直到沒有什麼能傷害得了我就好了。

女孩，我唯一的方向

高二時，我認識了隔壁班的一個女孩。

那時，網路聊天室剛剛興起，不知為何，我們學校的學生特別喜歡在其中某個聊天室聚集，已畢業的學長姊也不例外。由於家裡的撥接網路實在難以支持我和朋友連線「天堂」練功，聊天室便成為我在家裡唯一的對外聯繫。

一開始注意到女孩，是從聊天室外留言功能板面的一則留言開始的。文章標題以女孩的暱稱開了個玩笑，我對女孩回應裡天真而溫暖的爛漫產生好感，於是試圖慢慢跟女孩接觸，每週末記錄著她上線的時刻。漸漸地，我們的時間同步了起來，每個週末我花在聊天室上的時間也愈來愈多。

現在想起來，女孩言談間透露出的柔軟和溫暖，甚至是透過螢幕想像著的她的輕笑，正是那時處於家庭衝突下的我最需要的吧？那時候，我對一切似乎都戴上了一層濾光鏡，我自負、嘲笑著世界的虛偽，以一種孩子氣試圖對抗這世界。這樣好像是不得不的吧？如果不把自己置身事外，如果靠近了什麼、最後又再一次被傷害的話，要怎麼辦呢？於是只能在接近前，先把一切推開。

而在那種時刻，女孩好像成為了我唯一足以前進的方向。

對於我花在網路上的時間，外公、外婆自然不贊同。然而，無論爆發了多少次衝突，多少次外婆咬著牙向電話那頭的母親投訴我的不孝和放肆，只有這一點時間我從沒打算放棄。那幾乎是我在家中唯一可以呼吸的地方了啊！

長久以來外婆所管制著的那個家，於我而言就像是不見天日的深海，壓力不斷擠壓著，暗流日以繼夜地試圖將我捲進悲劇的漩渦當中，在其中生活，前方只殘餘著滅亡與恨意。

而今在我面前有一道光，縱使那裡存在著危險或未知，仍舊是唯一的方向。

再見，年少

女孩——這樣叫似乎太生疏了，幾乎全部的人都以聊天室的暱稱叫她，「塔塔」。塔塔寫詩、寫散文，她的文字和笑容總是很容易讓人產生一種自然的好感。我喜歡她看待這世界的角度。面對教師辦公室裡被捕鼠籠箝住尾巴的田鼠，她沒有尖叫著跑開，而是饒富興味地蹲下來觀察，然後回過頭跟我說：「牠好可憐喔。你看，牠一定餓扁了。」

很快地，我們不僅僅是網路上的朋友。每節課下課後、中午吃飯時，甚至是放學後，我總會特意繞到隔壁班教室，或是在走廊等待長久的時間，只為了製造「巧遇」的機會。塔塔多少也猜到我喜歡她吧，然而直到畢業前，我們從沒說破，或許是因為太過害怕失去了，畢竟在那樣年輕而無處吶喊的日子裡，她的存在對我來說太重要了。

畢業後，塔塔考上了台中的學校。她在臨行前非常爽朗地問我，是否喜歡過她。我笑著說，是啊，然後也就過去了。

她動身前往台中，而我則慢慢地跟其他曾經同行的朋友脫離，走上一條不同的道路。但畢竟，那都是後話了。

我無法愛人，也不敢被愛

對我而言，「愛」究竟是什麼呢？

曾經，我期望有一雙手，不分性別，只要能夠在脆弱的時候支持著也就足夠。然而我更明白，無論是男是女，都無法使我從對愛情的恐懼當中赦免。

也許是過於早熟的經驗，使得我太早經歷對情感、對關係的失望。生活會改變一切，沒有什麼會永恆不變，連親情都會改變了，愛情更無理由倖免，一旦失去激情後，再多的承諾都只剩下空泛的習慣。我知道自己縱使勉強去談了戀愛，也無法打從心裡去相信任何人，與其如此，寧可就不要了吧。我只要專注地打磨自己，直到沒有什麼能傷害得了我就好了。

我明白，由於對母親的虧欠，由於外婆對「性」的強烈厭惡，以及每當我想到自己「身為男人」這件事，便強烈地與父親、或是母親在工作場合前的身影模糊重疊著。

我無法爽快承認自己的性別，彷彿身為男性這件事本身就足以形成傷害般。

我對女性無法產生具體的性欲，就連想像和任何一個人親吻、愛撫都難，止不住的罪惡感席捲而來。

我無法愛人，也不敢被愛。

愛

「愛」是什麼？
是溫暖和支持？
又或只是一瞬激情、終將消逝的煙火？
我能夠「愛」，或能奢望被「愛」嗎？……

折翼的未來

學校存在的意義到底是什麼？抹煞了學習的所有樂趣，然後再逼你從所有討厭的東西裡，選出一樣不那麼討厭的？真心喜歡的，卻又要因為種種因素而不得不放棄？

那個未來，是誰想要的？

高三，當學校分發「志願登記表」供我們選填甄試校系的意願時，我毫不猶疑便選填中文系。對我而言，文字和語言是當時我最能夠掌握的工具，是與世界接觸的媒介，我用文字和他人接觸、交換著生命，也試圖使用語言去多感受、多傳達一些什麼給整個社會。

那是指考實施的第一年，不要說我們了，就連每所學校也還在摸索學測和指考入學的比例。沒有前人的領路，於是每個人都得做出那關鍵的一步選擇。只不過，關於我所做的選擇，就算家人還未能得知，還是無以逃避反覆的質問。

「未來就讀的科系考慮了沒？」我在一個中午被導師叫到辦公室約談。

「還沒確定耶。」我裝傻著微笑，禮貌性地。「大概選比較有把握的科系吧。」

「中文？」年近花甲的導師梳著油頭，一頭黑髮顯然是定期染髮的結果，使得他給人的印象多了幾分精明。此刻，帶領著重點升學班級的導師瞄著我，一揚眉，十足派頭。

「還在考慮。」我正襟危座，囁嚅回答著。

「怎麼會？」導師皺著眉頭，「聽說你在甄試志願表上填的全是中文系啊？」

「是啊。想試試看。」

「三年都在自然組，怎麼會想念中文？」

語氣淡淡的，但我為什麼就是感覺到未出口的輕蔑？為什麼無法毅然地堅持自己想要的未來？也許我會這樣感覺，是因為連自己對那選擇都還不夠確定吧？可是，我還有什麼路可走嗎？

「是這樣。不過，校長，」我試著尋找語言，慢慢地，「我在理科的表現一直都不好啊。」

「現在的成績不代表一切啊！」導師說，「等到上大學以後，一切基礎都會重新打起，什麼都是這樣，要實際研究下去才會有興趣。」

「可是除此之外，我也不曉得自己在哪方面有專長。」

於是，導師再度提起我在所有理科中，唯一搬得上檯面的數學。「我覺得你的潛力不只這樣啊。等上了大學，你才知道數學好玩在哪裡。撐過考試就好啦！什麼都從頭學起，數學沒有你想像中的可怕啊！不必給自己畫地自限。現在只是高中，到大學裡頭學的，你會發現跟高中的時候完全不一樣！」

我自然了解這番勸說除了是家長請託，也關係到學校用榜單招生的口碑。可是，如果像導師所說的，那麼高中存在的意義到底是什麼？抹煞了學習的所有樂趣，然後再逼你從所有討厭的東西裡，選出一樣不那麼討厭的？而真心喜歡的，卻又要因為種種因素而不得不放棄？

大人們說，這就是社會，喜歡什麼、討厭什麼的想法，完全不適用，每個人只能無奈地被推著走。可是所謂「社會」，不就是這些大人們生活互動下的產物嗎？他們用自己的價值建構了這個社會，然後擺手說道：「我們這些大人也是受害者！」說這些想法太過天真，不能在社會上適用，說他們走過的路多麼苦痛，不希望你再步上後塵。「我們是為你好！」他們總這樣說。

可是，分數畢竟不能決定人生。

「不要讓你爸爸看不起。」「要賺大錢，讓媽媽以後過好日子。」「你爸爸是大學生，你至少要比他還強。」身旁每個人都這樣說，所以我整個腦中只想著「往精英的路上走」，糊裡糊塗地進了私立學校、直升進入自然組的龍頭，在鞭策裡，一步步地訓練。

然而最終，我還是只想聽從自己心裡的聲音。

我只是想找回小時候閱讀的那份快樂，想用我的方式對世界說些話，或許奮力反擊成人世界裡，那些令人無奈卻又不得不遵循的規則。

血腥的「幽默」

對導師而言，我的想法如何並無意義，考生存在的意義自然是考試、考試，沒有其他。

但「國英數物化生」是一串太過催眠的密碼，在考試和複習、檢討不斷重複之間，我們在考卷下墊著的是一張張準備投到文藝社的稿件，桌下傳閱的是一本接一本連冊的漫畫。遮遮掩掩，躲躲藏藏，只是老師和我們這些學生玩的小把戲，而我總掩藏得讓老師毫無把柄可抓。

其實我曉得，不是自己藏得好，只是因為成績還上得了檯面，老師也懶得下標籤，於是睜一隻眼、閉一隻眼。

考生的世界裡其實簡單，我們為自己掙了多少分數，也就有多少籌碼可用：成績稍微好一點的，就算是搞砸了什麼，老師也都輕描淡寫地帶過；成績一直沒有起色的，就算只是營養午餐費遲交，也會被拖到講台上大肆辱罵。

「那麼多天了，也不曉得是真的沒帶還是別的什麼原因啦！」導師自以為幽默。「我在猜啦，說不定喔，他媽媽早就把錢給他了啦！結果咧？他想說喔，他吃人家剩下的就好了，跟人家要飯啦！然後喔，把錢拿去做什麼？拿去網咖啦、買電動啦、看漫畫啦！」

導師重重扯起同學的耳朵，狠狠往地上摜下。如同每日導師與我在數學課堂上演的鬧劇，我卻看得心驚，心驚的是這一刻突然了解，這個社會是如何用這樣的資本主義和精英主義壓榨著我們，而台下的我們竟然還笑得出來。

「不知羞恥！你們有沒有聽過一句台灣俚語『細漢偷挽蒲，大漢偷牽牛』？就是像這樣啦！」導師充滿優越地藐看著台下。「我就不相信，連個營養午餐一千塊都交不出來？那學費兩、三萬怎麼拿得出來？大概是他媽媽喔，一個蛋餅、一個蛋餅這樣十五、二十塊慢慢湊出來的啦！你知道喔，每次開學要繳學費的時候，他媽媽就拖著一個布袋，裡面都放零錢喔，就這樣拖到銀行啦！那個銀行的職員喔，看到他媽媽拖著一個布袋，以為是剛搶銀行過來的啦！結果，倒出來全部都是銅板啦，那個銀行的小姐算到眼睛都花了！」

導師血腥的幽默到此蕩然無存。「嫌錢花太多？你怎麼不用功一點考上全校前五十名拿公費？不要以為嘻皮笑臉的就可以一天拖過一天！像你這樣想考上什麼學校？乾脆跟你媽媽要一個碗，到校門口向人家要錢算了！」

我只是再次茫然於這個教育體系下的勢利。

早夭的志願

他們憤恨時，咬牙切齒地痛罵我遺傳到父親禽獸不如的無情；激動時，諷諫我別讓父親的家人看不起；覺得麻煩，就以身體裡流著的血液做藉口，要趕我回父親那裡住……

我的理想，逃不過外婆的控制

我順利擠進成功大學中文系的初試，問題在於參加複試所需要的「家長同意書」，就算我想隻手遮天、先斬後奏也沒辦法。而在各種想法不斷拉扯下，甄試報名的期限很快逼近了。

最後，我選擇在外婆參加社區活動，只需要擺平外公的週六攤牌。長久以來，我清楚家中不存在著所謂「溝通」，於是打算趁飯後看電視時速戰速決，連哄帶騙地拿到簽名。

我藉口說因為制度混亂，採用級分制篩選學生的科系不多，依我的成績，最有機會甄試上國立大學的便是中文系，況且只是先爭取入學資格，真的不理想的話，入學後還可以轉系，或是放棄資格，轉考七月的考試。

其實外公對甄試入學的制度也不怎麼了解，聽了我的說詞，只是嘟囔著「要是考得再好些，就不愁沒有更好的科系了」之類的，沒怎麼多說便在申請表上簽了字。

「所以你不是因為想進中文系才填的？」為了確定我的意向，外公不放心地補了一句。

「就算是，又怎樣？至少也是成大的啊，總比考不上來得好多了吧。」我嘴硬。

「你？念什麼中文系？」門外，外婆的聲音響起。

我轉頭，外婆正巧進來，把我和外公的對話一字不漏聽了進去。

「成大中文。」我故意答非所問，假裝不懂問題的中心。

「哼。」外婆氣到發抖。「我當然知道。我是問，中文系出來能做什麼？掃地當清潔工？還是做個無業遊民四處遊蕩？」

「誰說中文系出來就沒工作？國文老師、文字記者或廣告文宣都有可能啊！我們哪天不會用到文字？」

外婆冷笑。「賺得了多少錢？誰瞧得起？恁老爸他們那一口灶就佇等著看這種笑話！

你以為我有什麼多餘的錢去讓你揮霍？你媽媽每個月丟個一萬塊，以為你們就會飽了？」外婆像要把痰吐在我臉上一樣，一字、一字地說出口，臉上擺著睨視的神情。「我沒有錢讓你蹧蹋！我跟你外公辛苦一輩子，不是為了給你們兩個畜生享受！早知道你們這麼忘恩負義，當初養你們做什麼？長大還不是跟恁老爸同款，那款畜生的種！」

我只感覺疲倦，像負傷的野狗一樣嗚咽著。「現在的社會和你們那五、六十年以前的社會不一樣了。而且工作和念的科系不一樣的人一堆啊！你現在阻止我，有用嗎？我還是會以自己喜歡的方式生活下去！」

「你用什麼態度跟我講話？要你去考數學、考藥師，難道不好？要不是你成績不夠上醫學系，我們需要為此傷腦筋嗎？」

我在無知覺中緊握起拳頭。「可是我不喜歡！我讀不下！」

外婆瞪大了眼，伸出手指，顫巍巍地指控著我。「讀不下就出去，不要出現在我面前！這裡是我家！你們姓莊的我管不動，看你那個畜生老爸怎麼教你做畜生！」

我想我是厭倦了這些親緣血脈的愛恨情仇，厭倦了每一項表現必須以誰為標準。我的血脈似乎是多功能處理機，他們憤恨時，咬牙切齒地痛罵著我遺傳到父親禽獸不如的無情；激動時，拿它來諷諫我，別讓父親的家人看不起；覺得麻煩，就以身體裡流著的血液做藉口，要趕我回父親那裡住……

在近乎歇斯底里裡，我大吼：「為什麼我的未來必須取決於你們的面子？我的未來跟他有什麼關係？」

「你什麼態度?!給我跪好！除非把申請書交出來，否則別想起來！」外婆無意再多講，轉身出門前這樣說。

那天晚上，我跪了三個小時。

我們的悲傷是一體兩面

過往，我不明白外婆強烈的怨憤從何而來。她恨丈夫、恨那個無緣的女婿、恨那個離家在中部定居的女兒；而這一刻，她也全心全意地恨著。對象，是我。

「你和你爸爸一樣，一樣無情！一樣無義！」

她狂亂的眼神陳述著多沉重的指控，直指我血液中帶著的原罪。無以挽回的錯、所託非人的失望，我們都賠上了以往的日子，浪費了那樣多的時光，最後證明是錯誤，因此恨，都恨。

恨我，恰如我相對等給她的，恨。

這一刻，那一切如此清晰，我曉得在生活的天平終於失衡時，她無力卻又欲挽狂瀾的猖狂，感受到在她怨恨的軀殼之下，是多麼早逝的靈魂：人生從不依自己的劇本上演，順遂的工作、和樂的家庭、孝順的兒女都是曇花一現的虛幻，也許正因為早熟的聰慧，面對挫折，她更不知如何拉下臉面對。「我的人生，為何淪落至此？」期望和現實的反差太大，即使伸出手也扭轉不回什麼，於是只有恨——那恨意沸騰了外婆剩餘的生命，也沸騰了一整個家族的命運。

我了解，都了解。這一刻我們離得這樣近，又如此遠，背對著背，誰都還沒發現我們彼此的悲傷是一體兩面，傷了她也切割著我，都無以救贖。

暗地裡的背叛

我依舊如期交了申請表，只是即便如此，仍無法改變被操弄的命運。當天上午的上課時間，學校便廣播請我到教務處。一推開門，迎面坐著的是外公、外婆及教務主任。

我已然忘記當天會談的主要內容，面對外婆對中文系的攻擊，中文系出身的教務主任只是陪著笑臉，我忽然覺得這一切荒謬得可笑。

「我放棄這次甄試好了。」我站起身。

「你的申請單還沒送出，學校這邊還可以幫你做修改。」教務主任連忙說道。

「那你們自己選看看要什麼科系好了，我會簽名的。」我語中的譏諷無人聽懂：什麼時候我的人生，卻成了他們的事？

面對外婆激動到直接把中文系的申請表撕碎，我只是冷眼旁觀幾個大人商量著成績落點，連申請表上的學校科系都沒確認，簽了名就往外走。

一個月後，我接到高雄師範大學數學系的複試通知，獨自前去考了兩小時渾然不知所以的試，也睡了兩小時的覺。

我的未來被撕碎，所以也要用自己的方式打擊外婆他們的夢想。

準備指考期間，我幾乎無意念書，每天沉浸在成套的漫畫和網路小說中，最後，考試的國文成績落點仍在前百分之一，可那數字也不過剩下個墨水漬，見證我即便努力爭取，仍然被箝制、粉碎了的可能。

然而，即使對未來迷惘，就算因為選擇的道路被截斷，而無力再尋找自己想要些什麼，在指考的志願表上，我仍不願讓外公、外婆稱心如意，切實地耍了他們一回。

指考過後，我看似花了一整個月在研讀選系指南，照著外公、外婆的期望，跟他們討論該選填哪些系所，不斷調整志願排序；暗地裡，卻私下另外準備好一份志願表，上面擬定了那些外公和外婆絕不會同意、以及我不那麼熟悉卻至少有興趣接觸的科系。我將這份真正的志願表上的數字代碼，取代原先那些寫著「數學系」、「藥學系」的志願代碼後，矇騙過關，自始至終，他們都不曉得這個偷天換日的伎倆。

分發結果出爐，我進了自己也不確定究竟在學些什麼的中正大學心理系。外公和外婆急得跳腳，質疑志願表的處理過程是否出了錯，而我一概以「不曉得」、「不清楚」帶過。

最後，在母親和她男友對外公、外婆的勸導下，我好不容易入學，帶著一個轉系的前提。

高中生活，就這樣結束了。

第四章
腐壞

雨季

悶雷不斷低吼，雨滴緊緊滲進皮膚，疼痛而冰涼，流淌到我心中高漲的擔憂裡……再一次，我困在無以依歸的生活中。升上大學，並不是掙扎的終點。

無所依歸

再一次，我困在無以依歸的生活中。

升上大學並不是掙扎的終點。

夏末的雷雨季，我在開學前一天終於搬進宿舍，四人房裡只有兩個不同系的室友。如此晚住校的原因，一部分是外公、外婆堅持，一部分是自己個性使然。無論從小到大換過多少次環境，我始終難以敞開心胸，總得不斷觀望著他人之間的互動，直到確認安全後才逐漸慢熱。這樣的性格在此時格外尷尬。南區迎新茶會，我藉口有行程而逃開，實際上是自己怯懦著不想面對初識的尷尬場面。性格裡扭捏的部分潛伏到此刻張牙舞爪，外婆的鎖國政策正好成為我逃避的最好藉口。

我始終記得甫踏進中正時下的一場大雷雨。我和母親終於搬進大型行李後，開始響雷，接著雨刷啦刷啦地降下來，悶雷不斷地低吼，不及十分鐘，我和母親走出宿舍時，腳下已是一條小溪，在排水溝內匯流成漩渦。綠豆大小的雨勢，即使撐傘仍舊淋得全濕，雨滴透過衣服的纖維緊緊滲進皮膚裡，疼痛而冰涼，簡直要流淌到我心中高漲的擔憂裡——一個最糟糕不過的惡兆。

整頓好行李後，和家人開車出校門到附近覓食，中正門口的寧靜湖已有漫淹過橋之勢，橋墩上的積水幾乎快淹過汽車的底盤，往後三年裡，我再沒遇過這樣大的雨。

回到宿舍，宜蘭室友轉告學長姊打過電話，我問室友是否留有聯絡方式，「沒有耶，他們好像說晚一點會再打電話過來。」

爾後，室友倒頭沉沉睡去。我試著組裝好電腦，卻發現校網使用網路電纜，而由於家中仍舊使用撥接式網路的關係，我必須添購網路卡和纜線才能接上線。沒有網路，也不曉得學長姊的聯絡方式，我只好接受暫時與外界切斷聯繫的情況。那個晚上，再沒有一通電話來過。

隔天開學典禮，我早起了一個小時。由於不曉得系上集合的時間和地點，我只能硬著頭皮隨著人群往禮堂走，隨便找個空著的位置坐下。

「同學，你是企研的嗎？」鄰座一群人帶著異樣眼光地交頭接耳，最後終於推派了一個女生來問話。

「不，對不起，我找不到心理系的位置……」

於是，在外系學姊的指引下，我找到了心理系的座位，身旁坐的正巧是剛選上的副班代，她聽了我的名字驚呼：「原來是你！你前面幾屆的學長姊不是休學、就是退學了，其他學長姊一直說沒有方式聯絡到你。」

往後我在中正的日子裡，歸屬感一直遲到。

在開學典禮上短暫交談後，我在課堂上再次遇見副班代，彼此簡單打了招呼後，旁邊一個女生瞥了一眼，便把她拉走。發生了什麼狀況，我到現在也搞不清楚。

同學們利用ＢＢＳ當作交流管道，可惜等我一個月後領到網路卡時，班上已然形成一個個封閉的團體，而班版早已荒廢，同學們私下以ＭＳＮ互聯。

沒有任何人帳號的我，再一次被拋在所有人之後。

每回上課，我只好一個人默默地坐在教室後頭的位置，和那些不曉得重修了幾次的高年級生坐同一區。而無論是那些討論著下課究竟要去市區夜唱、到民雄吃肉包或衝梅山看夜景的新生，或是遲到、早退，準備打工的高年級生，我都是那一個個圈圈之間毫無交集的部分，偶爾試圖踏出一步，卻似乎徒勞無功。

由於彼此生活的不同和下課就四散的大學課程特性，我再也難以打進這些沉浸在離家的興奮和辛酸的同學之間。

我想家

而我想家。

有這樣的念頭時連自己也驚訝，即使總是被咒罵威脅著，好幾次都想毀壞掉那一切，但我無法克制地想家，每一次想起卻又止不住滿身的寒顫。

曾經我以為終於可以逃開、以為升上大學便可以拋棄家庭的桎梏、以為可以不必再把自己投身於外婆的怨恨之中……我想過多少次了？以為自己會有多快樂的！結果回家的念頭卻如此強烈地壓倒了我，彷彿嘲笑過往所以為的一切只是徒勞無功的幻想、只是年輕氣盛的自以為是。

也許我永遠無法遠離這一切，也許就像外婆說的，我始終擺脫不了體內流淌的血液，只能在沼澤一樣濃稠厚重的仇恨裡頭逐漸滅頂，落地時就已注定八字。

憂鬱

我以為終於用欺騙的手段掌握了自己的人生一點，可現在卻只能用所有力氣支撐著自己不要從這一切逃開。我，究竟把自己推到什麼樣的處境了啊？

陌生的我

我難以形容在中正的那段日子。表面上好似沒有什麼差別，我活著，每天早上起床後前往教室，心裡卻正慢慢地腐爛，過往支撐著自己的那些人際、我尖酸的幽默和足以對抗、譏諷世界的韌性在快速消磨，而我憤恨地想一刀切開、立誓窮一世遠離的家，如今卻不斷吸引著自己。

我覺得對自己越發陌生，不敢面對鏡子，害怕那映照出的是張太過陌生的面孔，可即便如此，鼻腔依舊清楚充斥著我那腐爛的體臭。

每一天，我安靜地離開宿舍，走過秋初紅豔卻將要凋零的那一排仙丹木往人社大樓，踏進終年未開燈的大階梯教室，靜靜揀了個角落的、最靠近逃生出口的位子坐下。

心理系的課程比想像中更有趣，可甫回國的教授穿著名牌洋裝站在演講台上，放著沒有字幕的外國短片，講課中不時摻雜英文專有名詞的方式，使我幾乎無力接收而自慚形穢。

周遭同學談論假期出國經歷的話題也從未發生在我此生的經驗中。家庭教育使我儘管身處中產階級，卻必須抱持著底層的擔憂，光是活著就要叩首感謝了，家裡連場電影也不曾放行，又哪裡有餘裕思考「出國旅遊」？巨大的階級橫在面前，再次阻擋了我和同學們接觸的可能。

無心進食，更無力上學

於是，我逐漸連爬下床走出宿舍的力氣也沒有。當室友們都趕著上課出門後，我才終於從假寐中起身，在昏暗寢室裡，苟延殘喘地爬到書桌前，對著一桌沉默流淌著眼淚，呼吸幾乎要花去所有力氣那樣的疼痛著。

嘿，我以為終於用欺騙的手段掌握了自己的人生一點，進了自己有熱忱的科系，可現在卻只能用所有力氣支撐著自己不要從這一切逃開。我清楚自己再也無法怪罪他人。我，究竟把自己推到什麼樣的處境了啊？

日漸難以進食。一點食欲也沒有。週間裡，胃袋留著的永遠只有為抵禦山區寒意而吞下肚的熱開水。即使偶有食欲，但我已失去與人接觸的能力，連和超商店員對眼時，也無法抑制將對方的目光視為惡意的評價，「歡迎光臨」的招呼聲在我耳裡放大成尖叫。我更無法提起勇氣與過往朋友聯繫——縱使曉得那是自己內在對自我的評價，但我仍無法抑制逃避的衝動。

不能呼吸。無法進食。

每一夜，我以裝水為藉口，獨自佇立在宿舍一角對外的窗台上，毫無來由、無法抑止地流著淚，耳鳴喧囂到我只能張口大叫，然而開口卻嘶喊不出聲音，嘴唇迸裂，喉嚨乾涸，我覺得自己進入了乾旱期，每一次吸氣都帶走了身體僅剩的力氣。

連呼吸都太痛

只有一次，我試著撥電話給塔塔，可電話不通，於是我放棄了掙扎。稍晚，塔塔回電，我只能把手機握在手中任其振動著——接通了或許自己會崩潰喲，可是如今又怎麼能夠再把情緒倒給她呢？大家都已經朝向自己的方向，展開了新的生活，他們有新的朋友、新的人生，也許還有一點想家的情緒在，但那些年少的陌生很快就會被笑聲和一大串活動所填滿吧？我那些屬於自己的痛苦，已經距離她有一百公里之遠，於是只能獨自吞嚥。

塔塔發了封簡訊，說她和同學到夜市玩瘋了沒發現有電話，問我新生活還好吧。簡單的「還好」兩個字的回應，我卻只是輸入了又刪除，始終無法按下傳送。

於是一次次，我握著手機，撥著那些從未真正撥出的電話，靠在陽台的女兒牆上，看著底下的學生們排演一次次的社團活動。〈第一支舞〉的音樂迴盪在宿舍區。從對面的女舍門口衝出了個女孩一面跑、一面尖叫著，臉上看似滿頭滿臉的刮鬍泡，後頭有幾個女孩拿著蛋糕盤追趕著——是生日吧？

那些我曾經憧憬的大學生活，怎麼現在隔了層樓，就成了再觸及不到的彼端？

我只能悄悄地幻想著：如果就這樣不小心，風一來，整個人重心不穩，或不自覺地打了個盹而掉了下去，會怎樣呢？……

遠處房門傳來開鎖的聲音，打斷了我的想像。室友出乎我意料地提早回宿舍，還帶了一票社工系的同學。

「你房裡沒人耶？」

「嗯啊。××不是說要出去吃？什麼時候？」

「不知道啊，每次都拖很久，他說好了會再打來。」

「那我先去洗澡，你們聊。」

我縮在女兒牆邊，室友曬的被單正好成了掩護。

半個學期以來刻意錯開作息，而今，與室友間的疏離幾乎發展成一種恐懼。我害怕被他們得知自己這樣猥瑣的存在，竟隱密地與他們共同分享著這個空間，於是躲藏起來，連一聲大氣都不敢出，只是聽他們天南地北聊著，聊籃球、聊報告或是和法律系聯誼時遇見的女孩。

那個晚上他們沒約成，一群人就在寢室裡吃起泡麵。我的隱蔽一路從六點延長到將近十點，大腿痠麻到只能以手臂扶著牆變換姿勢，卻又不敢發出一點聲響。

直到有個同學犯了菸癮到陽台抽菸，我無處躲藏，也無法像隻蟑螂一樣振翅而飛，只能沉默著把手機舉到耳邊，假裝要去打電話便落荒而逃，躲在宿舍外的逃生梯隔間前。

室友大概察覺到了怪異，一群人藉口吃宵夜，三兩下就逃離了房間。我躲藏的姿態如此拙劣，連最後一點可以假裝正常的機會都被自己消磨殆盡。

每天晚上，我早早上床，蒙著頭在被單裡咬牙流淚，總是一聲不響地連眼神都不敢和人接觸。大家從來沒聽說我和哪個同學有往來，任誰都看得出我的異樣。

一同考上中正的同學，如今已在自己的學系如魚得水。而我呢？像是被丟棄在一邊，兀自發出臭味的腐敗垃圾一樣令人生厭。

於是，週一到週五我蜷居著，未曾進食所帶來的空虛和我被挖空的整副軀殼共鳴著——飢餓和呼吸就會振動著的疼痛，成為我仍存在的唯一證明。

然而就這麼巧，大一下學期時，因為外公動心臟繞道手術，我在家人的安排下每天通勤，順理成章地離開了宿舍。

母親

我和母親曾經那樣矛盾，
雖然心裡明白，彼此多想親近、對話，
多想給對方溫暖啊！
可我卻只能手足無措地逃開……

變故

我害怕同學的反應，害怕老師失望，更害怕沒有人知道這一切，彷彿我在這間學校裡連一點存在的痕跡都沒有。於是我逃開了。

與母親獨處

農曆年前，母親撥了通電話，說因酒客倒車時不慎，她被壓傷了腿，躺在國軍醫院裡。這樣一傷，KTV的班是沒辦法上了，就算痊癒了也會影響到工作。

妹妹和我在醫院陪著母親，可是正值高三的妹妹得準備考試，照顧母親的責任便以我為主。

我和母親之間的關係，自國小時父母離異後，便一直處在一種微妙的疏離狀態，即使後來逐漸意識到父母離異有太多原因，非因我而致，但每回看見母親，仍舊有太多犧牲和疼痛的回憶浮現。我愈是想靠近母親，就愈是擔心自己無力撫平曾經發生在家裡和母親身上的那些辛苦。

我們彼此多想親近、對話，多想給對方溫暖啊；然而有多想靠近，就有多想逃離，止不住地懷疑自己能夠負荷到什麼樣的程度。尤其在我逐漸控制不了自己而脫離了家人的期望，逃避著未來的這個時候。恣意欺騙、浪擲著我受教育的特權的這時候。我有什麼資格再去談補償？有什麼資格去親近這樣一路苦著、爬著活過來的母親？於是總是在距離最近的時刻，感覺最遠。

心底藏著那麼多的話想要向對方傾訴，對坐卻總是無語，電視上無聊的節目成了逃避的手段，我和母親並肩坐過了一個年頭。

每一步都是逃離

年後，家裡收到我被二一的成績單，可外公在此時出現心肌梗塞的症狀，家中無以多放注意力在我的異狀上。

學期開始後不久，外公便因心臟問題住院，鄉下家中僅剩外婆和正值青春期的妹妹。由於擔心家裡若發生什麼意外狀況，無男丁可以應變，我在外婆提議下開始了每天通學的生活。

對於這個決定，我難免帶著一些擔憂，但與在宿舍太過尖銳的沉默中被視為異類的眼光相較下，不是多需要掙扎的決定。我的宿舍床位空置著，後來幾次回去收拾東西，只見床鋪上堆放了室友系上活動需要的圓鍬和木鏟，書桌下的垃圾桶旁散置著吃過的泡麵，因為少了默默處理著垃圾的我。廁所地面散落用過的衛生紙，被水窪浸濕而緊緊附在瓷磚上。我難以想像室友們如何在這樣的環境裡生活，如同他們無法理解我的生活一般。

而搬回家的我，在物理距離拉開後，更找不到在學校裡的歸屬。

即便決心改掉拒學的陋習，但我連期中考也無法到教室，只能在考試後，不斷寫道歉信給老師，搬出所有無法到課的理由，申請單獨補考，然而，出席補考的機率卻仍然低得可怕。

每天早上六點不到我便起床，騎腳踏車到鄰近的簡陋車站等著早班的電聯車，和高中的學弟妹們並肩，聽著他們言不及義的喧鬧。

那些已經距離我太過遙遠，短短半年，就足以粉碎所有人際網絡和社交技巧，如今我言語無味、面目可憎，連最基本的眼神接觸都是負擔，於是我戴起口罩，隱身人群。

在緩緩前行的電車中，身體不斷晃動著，閉上眼，任光影在眼皮下流動，聽著四周那些「正常世界」裡人們的喜怒哀樂——我處在一個封閉的時空軸裡，周圍那些美好和日常是自己無法觸及的世界。一個人上學，一個人掙扎著要破開那些困擾著我、隱蔽我視線的魔障，胸口滿滿是快要漲出來的遺憾、慌張、焦慮、徬徨、疑惑……揪痛著。

站在南上北下的月台上，我想嘶吼：每個人都有方向，每個人的腳步都那樣篤定，可我在何處？要往哪裡走？

我只是任列車到站，然後在公車站等上一個小時往民雄的首班車，一次又一次在到達目的地以後不由自主地逃避。曾經吸引我的課程，如今成了難以忍受的鞭笞，我害怕同學的反應、害怕老師失望，更害怕沒有人知道這一切，彷彿我在這間學校裡連一點存在的痕跡都沒有。

於是我逃開了。

再怎麼逼迫自己也沒有用，即使清楚這一切的始作俑者是自己，也沒有辦法。身體本能地恐懼著教室門後的陌生世界，我只能不斷地往外跑，每一步都是逃離，日復一日地躲在學生大樓的書局角落，抓了本無名小說閱讀，勉強壓下隨時要嘔吐的衝動，直到課程結束，才感覺放下大石。

提不起，放不下，我掙扎在自我的矛盾和支離破碎的情緒當中。

每當腳下列車進站的警示燈響起，我總幻想著自己跨過那條生與死之間的界線……這麼一來，就可以解脫了吧？可是我解決了什麼？這樣會帶給大家很大的困擾吧？家人呢？母親剛從積蓄中擠出一筆錢，在市區租了間小店面，重操美容舊業，外公等著開心肌梗塞手術，外婆更是顆不定時炸彈——我能夠在這一切之上添加更大的壓力嗎？

連尋死都那樣掙扎。

死寂的黑洞

外公動完手術後醒來的那天是假日，我們依著加護病房的規定時間去探視。看著外公身上的那些管線，針頭在薄削的皮膚之下突起著，呼吸起伏如此微弱，他輕蹙眉頭，彷彿因母親的叫喚而受擾，然後慢慢睜開了眼睛。在外公淡色的眼眸裡，看不到一點活著的氣息，焦距中沒有任何人，只是對於聲音的本能反應罷了。

那是什麼樣的一種狀態？我覺得自己似乎在無意間跨過了生與死，外公那雙死寂的雙眼，如同黑洞般吸引著我心裡正在毀壞的種種。而存餘的，我心裡尚未崩塌的微弱部分，仍然堅持掙扎著想自這寸步難行的泥濘逃離。

我不曉得，即使這場戰爭贏了，自己還禁得起多少次這樣的徬徨、無助，或甚至是墮落的誘惑。

拒學

我不斷幻想著自己從樓頂一躍而下，鮮血迸散，像朵紅豔盛開的大理花，但我連孤芳自賞都做不到。是這樣嗎？無論生死，都一樣痛苦？

謊言的開端

大學一年級在我每天不斷說服自己要走進教室，卻每每在教室前抱頭竄逃的失敗中結束。由於缺席期中考及期末考，我只能偷偷找出外公的印鑑，於休學期限截止日在系辦和學校各處所跑單，完成了休學流程。

我抱持著「今天過完就要拋棄軟弱的自我」的不切實際夢想，卻一次次地教自己失望。

新學期開始，因為修業的規定，我和下一屆同班，很自然地與校園愈離愈遠。往後幾年在學校修練的，不過就是這些過程。快樂已太遙遠。我從高中畢業的那一刻就被盼望著要拋棄所有情緒，成為家人心目中的「大人」。

不，從父親放手的那天就開始了吧？

我在物質上無虞地生長著——其實只不過像個倖存者一般，除了生存以外的娛樂都被嚴格禁止和譴責。而我的心早從國小時便開始風化，我被逼著去剖開它，任其乾燥，尖銳而惡毒的話語如同尖銳的寒風鑽心刺骨，把我的柔軟一點不剩地從心室取走後，僅剩乾燥、發黑的空洞，醜陋得令人不忍卒睹。

永無休止的情緒轟炸

通學生活開始後不久，外婆會在我每天早上出門前摀著胃。

「不知道怎麼了，今天早上胃好痛，可能是膽結石又發作了。」她說。

「有記得按時吃藥嗎？」我問。

「最近藥愈來愈沒有效了，沒有車又沒辦法去看醫生。」她回答。

「我今天提早下課，再開車帶你看醫生好了。」我說。

我陷入了一個新的循環：外婆開始每天習慣以身體微恙為由，要我早點回家去接送她看診。在車上，她以日常或過往的不幸遭遇反覆地轟炸，車來車往中，未滿十九歲的我承載著她所有的情緒與怨懟，只能逐漸學習淡漠和忽略，在心裡緊閉耳朵，拒絕那言語如同暴力一樣地試圖吞噬我整副的軀體、心靈，自顧想著：晚些要怎麼張羅家人的晚餐，九點要去鄰鎮接送補習下了課的妹妹。

生已無歡，死有何懼呢？

在醫院和外公對上眼的那一刻，我便了解到這個家的權力結構正在重整。如同當初大學畢業後就被期望著要支撐起整個家的二舅，我清楚地看見外婆那樣鮮明的期待，對著我——如此沉重，重到即便我想逃開，也沒有任何一個可以容身的角落。

我幾乎難以成眠。妹妹因為準備大學指考，獨自睡在二樓的書房。我和外婆同處一室，在夜裡反覆聽著她的鼻息、聽著風拍打老舊窗櫺、聽著窗外野貓夜哭似的發春，和空氣中那種近乎耳鳴的凝滯感。

而我的呼吸那樣微弱，彷彿就要被黑暗吞噬殆盡。

從前外婆蠻橫不講理的態度與仇視的眼神不復出現，取而代之的，是一種妥協的渴求和低聲下氣般的求和。

比起歇斯底里，外婆不切實際的期望更讓我心慌。

「你會記得阿嬤這一路怎麼養你們的嗎？」

「你會不會記得要養阿嬤？」

「你以後賺了錢，要讓阿嬤過怎樣的生活？」

我，我什麼都做不到啊！

走出這個家，我什麼事都做不成。

在這一段時間裡，我失去了朋友、失去了目標、失去了生的欲望。

獨坐在書桌前，想拿起筆記隨便寫個隻字片語都好，卻沒辦法。我愕然發現，自己舉筆的時刻那樣凝結，腦袋像是扁魚那樣乾癟的一點不剩，一片空白，只能反覆畫上重複的迴圈，一圈，一圈，一圈，節奏伴隨著心臟張狂的擊打和慌張……直到紙頁上一點空白都不剩，變成像夜晚那樣深沉的黯藍，對我張牙舞爪著。如同梵谷幾乎發狂時畫的《星月夜》，那旋流不是星夜的生命和靈動，卻是要攫走我所有快樂與生氣的黑洞。

我不斷幻想著自己從樓頂一躍而下，鮮血迸散，像朵紅豔盛開的大理花，但我不過是枝頭未開先斷頭的山茶，連孤芳自賞都做不到。

生已然無歡，死有何懼？是這樣嗎？或是無論生死，都一樣痛苦？

承擔

面對外婆的期望，我只能無言以對。縱使包辦了家中吃住和接送等等的雜務，說穿了，經濟來源仍舊是外公的退休金。我如同一隻紙老虎，看起來那樣威風凜凜，卻比任何人都空泛，這與外婆的期待相差太大，我心知肚明，所以更難以忍受。

可繞了一圈，怎麼其實我還是想滿足外婆的那些期待？

或許是因為太過在乎，才會在家庭的樣貌不如期待時，特別失望吧？那些和外婆間的齟齬已不再重要，我曉得自己多在乎這個家庭，因此，在同齡孩子掛念著社團與人際的瑣事、愛情裡無數的小疙瘩，或是打工和學業間的平衡時，我必須放下這一切，轉個彎去守護那個搖搖欲墜、卻始終養育著我的家。

從國小以來對父親的憤怒，如今悶悶地發酵著。

「連你老母作伙帶出去，看誰要幹！」

父親當初是這樣決絕地一刀斷開與家庭的牽連，卻絲毫不問在他離開後，這個家庭被他扯出的傷口要由誰來負責包紮——是我這個他始終看不上眼的、不像個男子漢的兒子，為了償還那個想像中拆散家庭的罪惡，奮不顧身地去填補那個傷口，縱使自己也傷得幾乎要支離破碎，卻為了還那些欠家庭的債，而站上了他覺得太過沉重而逃跑的那個位置。

迷路

約莫秋初的一個晴朗午後，我騎著腳踏車經過再熟悉不過的高中母校，準備去車站搭車。學校圍牆內，燦黃的阿勃勒盛開，開得滿枝椏，燦爛得令人無法直視，彷彿在向我炫耀著那年少的笑容有多輕易又廉價，而今卻是再也無法經歷的過往，是我生命無法承受之輕。

生命，怎麼在一年間就偏離了那些曾經以為有的夢想？

那些生活，已經距離我，很遠很遠了。

我把龍頭一轉，彎進了一條蜿蜒的田間小徑。

身後，電車離站的鳴聲那樣刺耳，卻再也不是我到得了的方向了。

命理與天珠

眼看著母親一路這樣走過來，我受夠了無能為力的自己，於是用盡心力去感受，沒想到卻因而看盡多少不同的人生，同時也學習到了如何與母親相處。

生涯轉換的開端

大一下學期我愈來愈少到校的那段期間，母親在醫院照料外公術後復原之餘，找到了門路開始批發水晶飾品。

母親在腿受傷後，借了些錢在市郊租個小店面充當美容室，水晶生意一開始便從這些客戶間介紹、推銷，我在每週末返家時也會幫忙加工做串珠。逐漸地，水晶和天珠生意取代美容，成了主要收入，母親考量房租，收了美容室的生意，將加工的首飾、配件等成品放到熟識的店面寄賣，一邊接受介紹和預約，四處到有需要的客戶家中兜售飾品。

一直以來馱著虧欠的我，無法對母親生涯上的這改變無動於衷，於是開始在週四晚上通勤，搭上母親南北奔波的車。

每晚回到家大約是十一點過後，我開始習慣和母親一邊看著電視上的命理節目、一邊串珠。由於這些礦石串珠從源頭而來便是以「顆」計價，需要自行依照相對應的五行、脈輪及不同寶石能量與功效搭配設計，命理節目遂成為我們依照生辰八字、五行和身體狀況，深入為客戶量身打造合適佩戴飾品的方便入門。

而因為經常出入客戶家，居家風水遂也成為服務的一環，特別是服務場所經常在客戶家中的關係，什麼橫梁壓床、灶台對廁所或穿心煞之類的常見風水缺失應該如何避免或應對，也成了專業服務的內容。

出於這樣的工作性質，我和母親便經常對坐著看命理節目、穿串珠直到半夜三點。我習慣在隔天早上九點半左右，母親還未起床前，趁著出門工作前的空檔，將前晚工作的成果裝盒，連同其他工作所需物品收進行李箱，把家裡清潔、整理過一輪。要是母親前一天備妥了食材，我會先簡單料理好當天的午餐，準備出門應付往往要十二小時以上的工作。

歡喜悲傷，同感同受

能量寶石的銷售與一般飾品的經營手法截然不同。這些未經精細雕琢的半寶石，滿足的往往不是爭奇鬥豔的心理，反倒是渴望以一點投資乞求命運裡多些幸運的一群人。為了說服客戶信任我們所販賣的天珠及水晶的確有其「磁場」，總會先憑直覺選出一條首飾請客戶試戴，過了一小段時間後，藉由短暫儲存於飾品上的磁場，來判斷客戶的身體或是情緒狀態，有時甚至可能牽涉到客戶的祖墳風水或多年前墮胎的議題。聽起來有些超自然，但那正是我當時的真實生活。

透過這樣的生意模式，客戶之間很快便開始口耳相傳，不僅將我們賣的天珠視作改善生活的寄託，同時也為了在看似沒有出口的生活中，找尋一絲解答迷津的可能。

在一次擺台中，我與天珠生意有了更深的連結。當時經過介紹，我和母親到客戶工作的廠房擺攤，母親正在向客戶介紹商品時，我因為忍不住身體突然感受到的異狀，悄聲問她，「客人腰痛的地方是在腎臟上方嗎？」

感應——母親生意裡最重要的一環，我是這樣進門的。後來客人總說這是天生第六感強、有佛緣，我卻不這麼確定。

或許，只是「決定」罷了。

我眼看著母親一路這樣走過來：日日夜夜宿醉吐著胃酸；拐著打了鋼釘的腳，提一個十公斤的大皮箱踏上幾層樓的公寓；半夜趕貨不到三點半無法就寢……自己卻只能無力地看著家人在命運流轉間浮沉。因為受夠了無能為力的自己，於是我用盡五感去感受。

兩面的我

過去，我被外公、外婆期望以學業成就做為「父親放棄家庭的決定是錯誤」的證明，斷絕了除了讀書上進以外，所有能夠補償家庭的可能。可是現在連教室都踏不進去的我，究竟剩下什麼呢？

我難以開口承認自己在學業上早無以為繼，深怕這樣的打擊會讓承受了過多挑戰的家庭一夕崩塌。可我知道，自己是用一個個謊言在虛耗著家中僅剩的資源，所以特別內疚，每天如同走鋼索，往任何一個方向偏離，生活都會崩毀，即使緩步向前，等待的也只有不見天日的黑暗。

我的生活自此分割成兩半：在家人和客戶面前佯裝是本分的國立大學學生，兼顧課業，同時還能幫忙母親的生意，是單親教育下懂事、成熟的模範；可是脫離了家庭，我卻什麼都不剩，白天只能流連在書局裡啃整排整排的書，金庸全套、《紅樓夢》、本格推理……我將自己隱身在一個個故事中，找尋足以生存的縫隙。無處可去時，騎著腳踏車在公園裡尋覓隱蔽一些的石椅休憩，一覺醒來後，發現和身上蓋著報紙避風的遊民比肩。

但我沒想到的是，原先投身於母親的生意，不過是想補償自己的罪惡感，卻因而看盡多少不同的人生，同時也學習到了如何與母親相處。

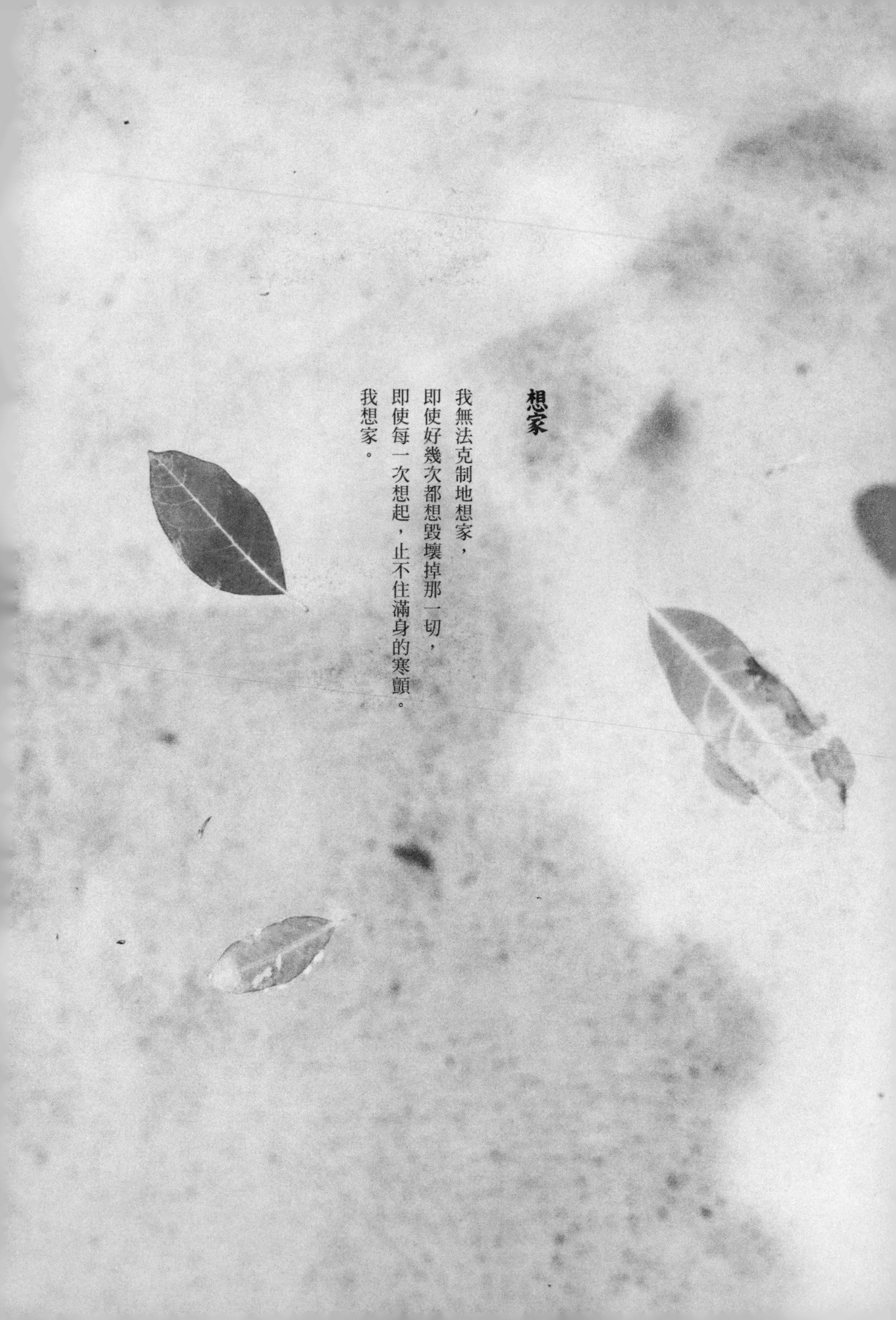

想家

我無法克制地想家，
即使好幾次都想毀壞掉那一切，
即使每一次想起，止不住滿身的寒顫。
我想家。

意外

昏暗的車燈突然映照出一張橫躺著的臉！驚慌中，我連煞車都來不及踩，直接衝進對向車道，迎面而來的高灼光線直射進視網膜，眼底發黑……

差一點的死亡車禍

大二下，我結束了每天接送外婆的日子。

那天如同平時，我開著出廠十年有餘的小車，載著聲稱因髖關節發炎而無法行走的外婆到市區就診。

外公開刀後，身體狀況恢復得比預期好，此時已回家靜養。

「你不曉得你阿公的個性，」外婆念著，「昨天我看他裝成半死不活的樣子，要他去幫我拿個鍋子也拿不好，摔在地上，還騙我說什麼身體不舒服。我看他比我好多了！我不過是要他別假鬼假怪，要死就快死一死，也不用我們花這麼大心力去給他動手術，浪費！拖著我們家裡每個人去照顧他，什麼事都不用做嗎？光說這樣而已，他就不高興，嚷得比我還大聲，我就不相信身體不舒服還能嚷得這麼大聲！不是嗎？要不然如果你是我會怎麼說？」

大燈因年久未修幾乎照亮不了什麼，我一面專心注意前方路況、一面卻也不能疏忽了外婆，深怕回應時一個不小心，又是一場天翻地覆的戰爭。

「阿公在手術後好像常常失神，」我顧左右而言他，無法違背自己的意願隨外婆起舞，卻也不能違逆她，話裡只要任何一個字猜不中她的心思，便又是一場風暴和流不完的眼淚、怨恨。「我看他常常事情做了一半就呆在那裡，好像忘了要做什麼一樣。」

「裝的！就知道裝可憐要人同情！憑什麼我就得替他做牛做馬？他這一生又為我做過什麼？……」

我關上耳朵，想像自己是一尾魚，穿梭在這城鎮的浮光掠影之間，憑藉著眼前那一點昏暗的光線指引，即將要遁入無止境的黑暗，丟棄一切賴以辨認的五感，眼耳鼻舌身意，那些惡毒的語言逐漸失去意義……

恍惚間，我憑記憶轉了個彎，路上似乎有狀況，前方幾輛車幾乎都偏到了慢車道上，路邊聚集了一大群人——我還來不及思考發生了什麼情況，昏暗的車燈突然映照出一張橫躺著的臉，距離車頭大概不到一公尺！

驚慌中，我連煞車都來不及踩，直接將方向盤向左轉到底衝進對向車道！迎面而來的首先是高灼的光線直射進視網膜，眼底發黑，高分貝的喇叭聲震耳欲聾，逼得我發慌。我意識到以原速前進必定會撞車，趕著死亡直抵喉頭的恐懼，還來不及思考便將方向盤打到底再轉回原來的車道，勉強避過了死亡的災禍。

幾乎聽見要迸出心室的心跳聲，我不敢轉頭，還沒能緩過神從後視鏡確認後方的路況，只是握緊了方向盤，像要把指紋嵌進皮革護套一樣地使力著，一面強自鎮定地往前開，一面回想方才的狀況：輪胎有碰撞到任何東西的感覺嗎？沒有。對面來車除了鳴喇叭外，有任何擦撞或煞車的狀況嗎？我觀察對面車道車流依舊，應該沒有任何狀況吧？周遭的人潮也沒有異樣。方才一瞬的事如同南柯一夢，是我支離破碎的生活中，另一個光怪陸離的幻景，然而，正是因此顯得更加真實。

這兩年以來，生活起了多大變化？中學時期的我以為自己已擁有太多朋友，學業、未來的工作好像都是隨手可拾的果實，結果不過轉了彎，我便失去這一切，一聲電話鈴響都會引起我莫大的恐慌，害怕是來自學校喪鐘般的通知，要把我編織的無數個謊言給戳破。

戳破了倒好，我一面害怕著家庭因此再起變故，一面卻也無比嚮往著有什麼外力，來幫我結束這一切。

高中時，我總愛趁著傍晚回家後空閒的少許時間，鑽上頂樓，看遠處夕陽將一切染成昏黃，看底下那些鳴著喇叭把腳踏車騎得飛快的同學們。如今卻害怕上頂樓，光是身在二樓書房，聽見外頭畜牧區的貨車飛馳而過，便已快抑制不住腦中自殘的念頭。

我想著：我是怎麼到今天這個田地的啊？成了一個連自己都快不認得的人，多少次想掙開身處的泥濘，卻如此猶疑而害怕改變——不，早就沒有力氣再去改變什麼了吧？我是如此厭惡著自己，然而真正面臨死亡時，卻仍執著貪戀著生。

「剛剛有撞到人嗎？」外婆開口。

「沒有吧。」我說。

「真的沒有？」

「剛好繞過了吧。要是撞到了什麼，車輪也會有反應。」本來已經慌亂得毫無頭緒，經過外婆這一問，我更覺得煩躁。

「會不會是你太緊張了，沒有注意到？」

「不會。」我斬釘截鐵地說。外婆的叨念已經使我覺得煩擾，此刻更是句句刺進我最深的恐懼——閉嘴！真想這樣說。拜託讓我靜一靜。

「就算真的撞到了，在剛剛那種情況下，也不會判得很重吧？會嗎？」

我只是默默在目的地停好車，轉到停車檔。

「如果真的有警察來，你就告訴他們今天是阿公開車。這台車的所有權本來就在你阿公身上，不會有人懷疑你，懂嗎？阿公和阿嬤都已經活這麼老了，就算被關也沒關係，你記住——」

「不會有那種狀況！」我簡直是嘶吼著喊出這句話。「阿嬤，你不是要去看醫生?!」

明明知道外婆擔心，心裡卻忍不住覺得那關心簡直如詛咒般沾附著自己。難道撞到人的話會比較開心嗎？很期待嗎？為什麼不肯放過我？為什麼要一次又一次把我推進地獄？我只不過想好好過日子啊！可是成了什麼樣子？如此醜陋地苟活著，連自己都救不了。

坐在駕駛座上，我如此無力而茫然。

風雨前的寧靜

從那次之後，外婆不再因大小病痛求診，彷彿一夜間不藥而癒。只是她椅子前的藥錠沒減少過，每餐餐前，在座位前依照順序擺上十來罐藥瓶，像是那藥才是主食般。

而我，依舊假藉課少的理由早早回家，心知肚明外婆總躡手躡腳地躲在樓梯間監聽著一舉一動，如同高中時只要有打進家中的電話，她便會拿起另一頭房間裡的話筒竊聽，卻沒能掩蓋太過粗重的呼吸。

在外婆的世界裡，終究無法接受任何事物不受控制吧？

大二結束時，母親隱約察覺到異狀，在嘉義民雄附近找了間房子，我因此搬離了外婆家。只是即便如此，我的憂鬱早已根深柢固。

第五章

退學

獨居

沒有聲音、沒有光線，沒有「人」生活著的軌跡，聞到的只有許久無人居住特有的積塵氣味，這就是我當時搬進的房子……

同班同學，沒人認識我

大三時，我搬進合租的公寓式雅房，房客只有我和另一名研究生學長。學長很少回來，因為做實驗和研究的關係，幾乎都睡在研究室，房間只做儲藏空間使用，因此連網路也沒申請，廚房裡的爐灶被拆除了，只留微波爐和飲水機，公用廁所成了我個人專屬。

我的房間在進門走廊的最裡頭，沒有聲音，沒有光線，沒有「人」生活著的軌跡，鼻腔裡聞到的只有那種許久無人居住特有的積塵氣味，這就是我當時所搬進的房子。

開學之初，我很認真地嘗試回到課堂上。上一次上課是什麼時候了呢？我在校外停好車，經過寧靜湖和豔紫荊徑。相隔太久又回到這裡，彷彿還能想見最後一次在這條路上搭著公車出校門的情景。

那時，我為了遞補外公開刀所空出來的那個男主人位置而回家，日復一日重複著同樣的生活，自此之後的夜晚總不知自己何時入眠。而今搬出來了以後，才看見自己在那個環境中感受到的無力。

外婆的恨沸騰了一家的悲劇，可我曉得，那「恨」其實源自她太想保存自己理想中「愛」的樣貌：無所不至的控制，釀成舅舅出走和肝炎過世的悲劇；阿姨負氣離家後，幾乎不再跟外婆聯繫；而母親在婚姻中觸礁，闖入聲色場所。外婆的「愛」如此濃烈而霸道，非得不斷滿足她的理想，才能使她滿意。我只能以她的那些話不斷告訴自己，世上無論誰都沒有愛另一個人的義務，什麼樣的愛都有條件、都要求回報，於是，我只能靠著不斷證明自己來得到一點認可。

可現在的我證明得了什麼呢？

我在惴惴不安中上了心理系所在的樓層，進了教室。一切似乎如舊，電梯口張貼著徵求受試者的紙條，同學們三三兩兩坐著，而我依舊坐在一個人的座位上觀望著，如同汪洋中的一座孤島遺世獨立。仍然無法理解台上老師填塞大量英文所講授的認知課程，教室裡，同學們若有似無的眼神我卻沒放過。

「那是誰？」左前方兩個女生竊竊私語。

鄰座的女孩聳肩，「大概是別系來旁聽的吧，沒見過。」

我苦笑。只能笑啊，因為意識到不僅僅她們，教室裡的大多數人根本不曾知道我的存在；即便曉得，大概也因為「休學」的標籤而刻意避免接觸我吧？

我從一個無時無刻想掌控自己所有行蹤的場域，逃到一個沒有人記得的地方，結果都一樣。從家庭逃到學校，又從學校逃向和母親一起的工作，逃掉兵役、逃掉成績不及格的窘境、逃掉退學的可能……編織一個又一個的謊言，其實真正想逃的，不過是自己吧？害怕自己終歸是一個醜惡的、給人帶來不幸的存在，所以必須不斷逃跑。可是這一切有終點嗎？

我默默地騎車回家，打開電視，躺在床上，任憑那些光影跟著時間在眼前流逝，螢幕上的畫面卻絲毫沒有意義。我只是需要聲音、需要光線、需要一個讓自己感覺到活著的痕跡，害怕死亡像夜晚濡濕的雨滲透進身體裡。

揮之不去的「男性」身影

於是在上學的日子裡，我一個人呼吸著。

也不過只是呼吸著罷了。

那段日子裡，我擁有的只是憂鬱、恐懼和無奈，太過習慣以旁觀角度嘲諷、凌遲自己，只有週末忙著生意時才能感覺到一些自我的價值，可以稍稍喘息，不被生的重量壓垮。

是啊，並不是被死亡所威脅，而是在對生命的反覆質問裡失去方向。我害怕自己成為一個和「其他人」無異的存在，害怕自己身在人海之中，連自己都無法認出自己。

不，具體地說是害怕自己成為像父親那樣的「男人」吧。早在童年時鄙棄父親與他那些同僚們在婚姻中不斷出軌、不斷索求他人為自己付出的模樣，耳濡目染周遭男性的不堪與失德，我便已暗暗下定決心，不許自己成為「男人」。而隨著身體變化，生理上愈靠近男人的同時，我的拒學是一個太過鮮明的印記，重疊著不負責任、顧影自憐的模樣，揮霍家中給予我受教的特權，而又同樣亟欲逃離家庭加諸在我身上的責任。

我竟在不知不覺中如此接近父親的模樣！那樣的恐懼比什麼都要令人害怕，但我卻又無法斷然結束生命。

那一天，或者是往後在住處，我幾乎都沒能進食，「飢餓感」成了活著的唯一證明。活著算什麼？不曉得。這樣堅持著究竟為了什麼？又有什麼放不下的？或者說，我活著這件事，能夠對任何人，存在著什麼樣的意義嗎？還是，像是一種懲罰，得把罪受完才終能死去呢？

獨自一個人的狀態下，我不斷反芻著那些始終找不到的、屬於自己的，生命的意義。

掙扎

斜陽夕落後，世界以一種荒謬的方式提醒生命的歡愉，我卻只能感知在那些和睦的餐桌之外，有多少家庭的碎片在刺傷著一個個靈魂啊。

掙扎著活下去

我終究沒能像自己想像的那樣回到正軌。

每一天，我獨坐在房內，對生命不斷質問，如剜骨割肉地鞭笞著自己。

曾經想像的人生已不復存在。不過是想真實地生活而已啊，期望能夠做些對自己有價值的事。為此，我那麼奮力地搏鬥，用盡手段去騙得了一個資格，違背了家人、師長的期望，只希望能夠掙得一個足以讓自己呼吸的角落。可最後證明不過是困獸之鬥，即便掙開枷鎖，也無能做些什麼。那掙脫的姿態因而顯得如此任性、自私，我只能無比鄙棄著自己所成為的這個樣子。

多少次，我佇立在租屋處的陽台，俯瞰著樓下路面整齊地切割成一小格、一小格的潔白瓷磚，幻想自己攀過矮牆一躍而下，然後幾乎真實感覺到地磚貼在臉上的觸感，鼻腔裡聞見地面嗆鼻的塵土、混著血腥的氣味，四肢無法動彈，思緒不再翻騰、混亂而煎熬，氣力隨著血液一點不剩地洩流，被這大地吸收、浸潤、滋養……彷彿那才是生命存在的真實，要與大地合融而活著，感受著地心那些巨大的鼓動，而非在這荒謬的偽善世界貪戀生欲地呼吸著。

那樣的時刻特別容易發生在斜陽夕落之後，泛紫的天色逐漸被黑暗吞蝕之際。我的耳邊是那樣確實地響著黑夜的腳步，五感張開感知著，社區四周的樓層逐一點起了燈火，漸漸傳來極其日常的氣味：三杯雞、沙茶羊肉、麻油雞、蒜炒高麗菜……這世界以一種荒謬的方式在提醒生命的歡愉，我卻只能感知在那些溫暖和光亮背後，掛滿多少醜惡和血淋淋的傷害，而在那些和睦的餐桌之外，有多少家庭的碎片在刺傷著一個個靈魂啊。我緊緊捏著水泥矮牆，用力地要把那名為「生活」的虛假，或者說是我這樣一個虛假的軀殼給徹底摧毀。

如此痛苦地想自一切之中解脫，然而，在身體一處微弱的角落，卻還懦弱地貪戀生命、貪戀著那些未竟的責任與掙扎爬過的痕跡。無以為生，卻又還不想死去，每一步都卑劣地如同在門板夾縫中，匍匐喘息地存在著。

掙扎著尋找人生

我開始過一種極其儀式化的規律生活。

每天早上七點不到，望著爬了壁癌的天花板，那凹凸不平的醜陋表面如同自己，於是我哭，搗著心臟用力地呼吸，氧氣太過稀薄，我覺得自己隨時都會就這樣死去。

八點半，梳洗過後出門，騎著車繞到校門口對面的停車場，然後在遍尋不著位置的時候感到安心，彷彿那樣一來，可以把我沒能進到課堂裡的責任歸咎一些給其他騎士。

從來就沒有準備好。

無論再怎麼努力想重返學校，每當停好車往校園裡走，我的雙腿就比鐵塊要重，一步，一步，拖著太多的恐懼和掙扎，得小心翼翼地屏住呼吸才能維持自身軀殼的完整性。

我總難以支撐自己到教室外，一百公尺走得窒息，只好上氣不接下氣地奔回機車，戴上安全帽，撕心裂肺地哭著往回騎，毫無目標地在民雄市區足不點地奔馳著，沒有目的地，無法停止，直到通往國道機車禁止通行的立牌，勒令我不得繼續往前。

我不知道自己在尋找什麼、掉了什麼，只能在每一條喊不出名字的街道來回徘徊，然後筋疲力竭地回到租處，像塊被榨乾的髒抹布一樣地癱在床上痛哭，直到夜幕低垂再也看不見自己的面貌為止。

每一天，每一天。重複的儀式。

我放不開家庭賦予自己的期待，卻又軟弱得擔負不起那重量。

可是我無法對自己承認，其實我愛著那個家庭，即便一直為了維持和樂而放棄了太多自己的生活，即使看似違逆家人的期望，選擇了自己的志願，但不過是希望以自己的方式去得到認同。

怎麼能夠承認啊！彷彿只要一說出口，從此便掙脫不了名為「家」的那張網，只能在其中掙扎著沾滿一身腥臭，拖著苦痛死去。

掙扎著，聽見我自己……

於是，活著的每一天，我都感覺氣力一點一滴地流失，痛苦，哀號，肺部被緊束到要乾涸，水分從眼裡不斷地流失、蒸發，從乾嘔的口中低低擠壓出嗚咽，可那嗚咽聲除了我以外，誰也聽不見。

被龐大的悲傷壓倒，那樣漫長的日子裡，我連最基本的需求都感受不到。疼痛是最稀鬆平常的狀態，光是站立著呼吸就要花上大把的力氣，胸腔緊縮到必須拚命捶打去感覺心臟依舊跳動，連飢餓也快感受不到，於是也感受不到活著這件事。

我開始徹夜開著電視。每天晚上六點前便將電視開啟，把音量放到最大，然後關掉房間的電源，用噪音來填補內心的害怕。

黑暗，讓我不必面對自己軟弱的姿態，可在踏錯一步就會墜落深淵的憂鬱中，我同等地害怕著黑暗占據自己心裡剩餘的那一點生的欲望。

長長的夜裡，我對閃動著的螢幕光源和躁動的聲音毫無所覺，只在自己內在建築的城牆裡頭檢視著——檢視著天花板的壁癌上、床底的角落裡、書桌邊的抽屜中，是否躺著黑暗的影子？

整個夜裡，我輾轉難眠，像隻負傷的野獸舔舐著已然發爛的傷口，任它不斷地惡化，等待著被那傷口吞噬的時間到來。

浮板

或許我沒直接為他們做什麼，可光是一次次相互傾訴心聲，便使人感覺到，原來不是只有自己處在掙扎中，至少還有一個地方可以接納和支撐著我們彼此的辛苦。

每個人都在拚命啊

即使獨處如此難以忍受，我仍然感覺到自己在慢慢好轉中。與母親的工作，似乎在不知不覺間讓我找回與人有所連結的感受，即便一開始不過為了要償還一直以來對母親的歉疚，如今，卻成為我唯一的浮板。

我還記得那些客戶的面孔，大多是中年婦女，或長期勞動至年事漸高時，帶著一身病痛從工地退役的男性，他們卡在家庭、工作或整個社會結構底下。

也許是因為人在無助時，特別容易尋求神鬼、命運之說以自我慰藉，我所接觸到的客人多數在婚姻裡不大快樂，在家庭、生活中無法找到自我的控制權，也沒有任何出口和協助管道，因此只能怪「命不好」。他們信命，其中有些人已然認命，有些人還在掙扎著找尋出口，有些人想藉命理宗教來獲得一點對命運的掌控權，彷彿只要知命，就能對自己的際遇釋懷一些。

我曾聽過一個畢業後隨即閃電結婚的年輕母親的故事，帶著兩個孩子的她，如今婚姻亮起紅燈。她自述出生時遭患了產後憂鬱症的母親遺棄，由外婆撫養長大，「想要一個家」的念頭使她在外婆離世後，隨即嫁給追求者，而今為了兒女，不斷忍受著婚姻當中受不信任感所侵襲的煩惱。

有個母親嫁到做生意的家庭當中，撐起婆家的經濟，每日三餐、家務一手包辦，甚至聽從婆家的命令而不在夫妻房設門，一舉一動都暴露在婆婆的控制下，卻始終得不到婆婆的歡心和認同。後來她才發現，底下的員工跟自己的丈夫已經持續外遇了八年，婆婆卻因一直忍受著丈夫的出軌，而認為媳婦也應該如自己般隱忍。

有些單親母親因為學歷不高而影響了謀生能力，沒能把孩子留在身旁，想念著要見孩子一面，始終牽掛著：前夫是怎麼樣教養孩子？會不會離間自己和孩子的關係？前夫的家人對孩子是什麼樣的態度？

他們總說佩戴天珠後，真的感覺自己的生活有所轉變：情緒穩定了，以往無法接受的忽然不那麼難忍，就連運勢也變好。我不那麼確信天珠的磁場有多少力量，但每一次與這些客戶相處，或許我並未直接為他們做些什麼，可光是一次次相互傾訴心聲的過程，也許便能使人感覺到，原來不是只有自己處在掙扎之中，至少還有一個地方可以接納和支撐著我們彼此的辛苦。

我的存在，竟然有意義？

我好似便在這樣的支持中逐漸感覺到歸屬，原來自己的存在對其他人是有意義的，是可以對其他人有些影響的。

單單如此，便足以提供一個立足的踏板。

我慢慢拾回了閱讀的習慣。開始在傍晚試著到民雄市區覓食——即便一天只有一餐。仍然沒有辦法養成上課習慣，可我開始試著出席那些以謊言爭取來的補考機會，在考試前一天，想辦法將教科書上的內容生吞活剝到腦子裡。

雖然聽來不負責任，不過我已決定，無論接下來自己還能不能回到校園，這一切謊言都必須在這個學期劃上句點。

過去那將近三年中，我過的是什麼樣的生活啊？無時無刻不害怕謊言被拆穿，在家裡提心吊膽地害怕著學校來電，出了家門又無法上課，為了躲避人們的目光而把自己躲藏在書店的角落，不定時變換躲藏地點和交通路線，只為不被任何熟識的人認出。而當回到家，無論面對哪個家人，我都只能編造出一大串謊言去填補自己一天以來做了什麼事、遇見哪些人、哪堂課的老師經常請假……

這些謊，為的究竟是什麼呢？

我真的因此守護了這個家庭嗎？

或者只是想逃避自己怯懦而無法為人生負責的醜態？

而現在，我想為這一切劃個句點。

並不是決裂地想結束自己生命的那種，事實上，我的腦中甚至已經很少轉過這樣的念頭。不能說好轉，只是世界似乎沒有糟到需要以這樣的方式逃開罷了。

生活一團泥濘，我回過頭看昨日如同一攤腐爛生蛆的臭肉，於是很清楚自己需要改變，僅此而已。那也許是跟在母親身邊做生意的幾年來，從客戶們身上得到的力量吧？

方法。

我想著，不管這學期的成績如何，我都將會接下母親的衣缽，以此做為接觸這世界的方法。

就在此時，我和母親的一場爭執，再一次打破了原有的沉默。

崩塌

我把自己的遲疑、憂鬱和絕望隱藏起來，用盡所有力氣和精神去維持這個家的平衡，結果最後得到的，是全然無法自己消化的憂鬱、休學的惡名和家人的難以諒解。

母子衝突

那是個週日下午，母親和我結束工作晚了點，到附近的黃昏市場買了幾個水煎包，做為我赴嘉義車程途中的晚餐。回到家，我簡單收拾了行李，背著背包、拎著晚餐便準備好出發。

「兒子，」母親問，「你……學校那邊還好吧？可以畢業嗎？」

我心一凜，嘴上兀自逞強。「還好啊，只是前兩年修的學分太少，以後大概得修滿，要不然可能得延畢了吧。怎麼了？」

「那學校怎麼說你都沒去上課？」

「什麼時候？」

「上學期阿嬤說學校打電話來，說你沒去上課，我後來打了電話到系辦問，他們說你已經休學兩次了。他們問到你現在的狀況，我說因為外公手術的原因，你不得不留在家裡幫忙，他們也能夠體諒。」

其實是三次啊。我休過三次學了。

以往構築的謊言，如同泡泡那層彩色的薄膜在陽光下「啵」的一聲破裂，此刻，我多希望自己從這一切噩夢中醒來，發現自己還是那個為了選填志願而煩惱的高三孩子，雖然不快樂，雖然對自己的無力感到憤怒、不安，但至少，我是一個完整的，還不是像現在一樣腐爛殆盡、不知道何時會毀滅的……「東西」，至少還有希望和夢想，身體裡充滿著不知從何而來的自信，竟然能夠那樣堅決相信著會有不同的未來。

「媽媽是想，你是不是在心理系讀不下去了？如果是這樣，現在要轉系也還來得及。你以前不是想讀中文？真的沒辦法了，就轉吧，媽媽會支持你。」

可是，我現在的問題並不在讀的是什麼科系啊，而是，已經不知道自己算什麼了。

我喜歡心理系的課程，但就僅止於此罷了，無法藉此說服自己去上課，無法面對同學和老師陌生的眼光。一直以來我想擁有的堅強、獨立、勇敢，只是風吹就散的假象，實際上是個扶不起的阿斗，要用不知多少養分才能餵養那個難堪的表面。

「不，心理系很好。我在心理系就好。」我只是這樣說。

母親嘆了一口氣。「你期中考快到了吧？我在想，下星期開始，還是不用回家幫忙了。」

「為什麼？」我心一緊，感覺自己像是從母親的生命中再次被推開。

「你這樣跟著媽媽，怎麼準備學業？當初媽媽是想把你帶在身邊，可是如果會影響到你，那我覺得就不要了。你的功課比較重要。」

明知道是好意，怎麼我只覺得世界剎那崩毀？過去兩年，我做的是什麼啊？這個工作，幾乎就是讓我能夠撐過這幾年而不致毀滅自己的動力，從中找到生存的意義；我試著免於深陷在自憐的情緒當中，從中得到了跟家人和解的契機。原來，這一切，終究不是我的人生嗎？

「但是我想要接下這份工作啊。」謊言被拆穿的羞愧混著被背叛的感受，感覺喉頭發乾而苦澀。

「你以為這份工作好做嗎？」母親嘆氣。「媽媽每天工作都要超過十二個小時，每天東奔西跑，還要扛著十幾二十公斤到客人家，有時候沒有電梯，就得踩著高跟鞋拎著貨到別人家裡，不是光說說話就可以賺錢這麼簡單！」

我知道啊，都知道。「可是，我一直跟在旁邊幫你啊。」

「你以為這行飯賺得了多久？我每天要花多少時間在上面！這幾年是媒體和名人流行，我們才有口飯吃，你以為這是能做一輩子的工作嗎？」

「你如果只抱持著這樣的心態，那也難怪做不久。你根本沒有把它當成是能做一輩子的工作啊，連你自己都不認同自己做的工作了。」憤怒下，我將矛頭轉向母親，冷冷地說。

「那又怎樣？還不是為了你們才只能這樣不斷找賺錢機會？你以為客人很好應付嗎？每天晚上我都要忙到半夜三更，客人開心了我才能走。有時候出門連錢都沒賺，就只是為了幫客人維修，聽她們抱怨。我能說什麼？客人身上的氣場不乾淨的時候，一天下來身體有多不舒服，你不是沒經歷過，有時候還帶著腰痛、睡不著覺。你以為這一切是為什麼？還不是為了要扛起這個家？你們有哪個人會來幫我？阿公阿嬤沒有，你們也沒有，就不能夠體諒我一個女人要扛起這整個家的苦嗎？」

是啊，可，我就不苦嗎？我做的一切就都不算數嗎？

為了幫忙母親，過去兩年來，每個禮拜我在家裡面所做的一切究竟算什麼？無論是為了母親做的，為了外公、外婆做的，為了讓妹妹專心考試而做的，如今全都不算數！不，不僅僅是在大學裡，就算是在國、高中我最需要朋友的時候，也想要違逆外婆控制的時候，還不是為了減輕母親的負擔而忍下來了？妹妹每次因為玩營隊晚歸、在家裡和朋友講手機而被外婆罵，難道那些回憶我不想要嗎？

可是我知道自己不能任性，我知道如果連我也違背了他們的期望，這個家會分崩離析，所以忍住我自己的欲望、忍住我對自我認同的不適，連手機都是妹妹不要的才輪到我，可還要假裝自己絲毫不在乎物質上的享受。

我把自己的遲疑、自己的憂鬱和絕望隱藏起來，用盡所有力氣和精神去維持這個家的平衡，到最後誰也沒看見。我慢慢摸索到的、終於對於自己有所意義的，這麼輕易地就被抹滅和否認，結果最後得到的，是全然無法自己消化的憂鬱、休學的惡名，同儕、師長的異樣目光，和家人的難以諒解。

像是狠狠被甩了巴掌，我的耳畔響起雷響般的尖銳共鳴，心臟被擠壓得無法收縮，腦袋在瞬間攪成一團漿糊，強烈的失望將我淹沒，張口呼喊不出聲音，連肺都要被吐出來那樣。

我只能夠極其絕望地，將手上的晚餐隨付出和懦弱一同摜落，水煎包的內餡油水灑了整地，我在動作的瞬間就已經後悔了千萬次。

然而回不去了，無論是此刻情緒爆發的後果、再無望完成的學業，或者是和那肉末菜屑一起迸裂破損的，我難以彌補的心的碎片。

到了嘉義，摸黑在往民雄的路上淋雨騎著車，眼睛紅腫到車流只剩光影，好不容易到宿舍，初冬的刺骨寒流逼得我只能全身瑟縮在被窩，心臟像是被重擊那樣地，等著黑夜為我守靈。

找到意義

在憂鬱的深淵裡，
我唯一的浮板，便是與其他人的連結。
原來，我的存在對其他人有所意義，
單單如此，便足以成為我立足的浮板，
即使被退學，
只要我還有力氣，就爬得上岸。

退學

母親說：「老師，我一個女人拉拔小孩到這麼大，多辛苦我都忍了下來啊。老師，你說沒辦法，那除此之外有什麼辦法嗎？我沒有辦法了啊！」我始終記得，那眼淚。

結束了

我仍執拗維持著每週的工作，然而，經歷過和母親之間的爭執，心態上的確有了改變。我思考著：即使要承接起母親的衣缽，但自己能拿什麼去說服客戶？母親用她整個生命的厚度去告訴客人：無論遭遇到怎樣的低潮、從什麼谷底走過，只要還有力氣就能爬得上岸，那些生命經驗是無論誰也無法複製的唯一。那麼我呢？我又能用什麼方式、給別人些什麼？

找不到答案，我只是慢慢走過期末，懷疑著自己是否能夠通過二分之一學分的門檻。

暑假到來，我和母親、妹妹三個人給自己放了假，計畫了場旅行。

旅行第一晚，我們在古坑找了間民宿，由於非假日沒有出遊人潮，而獨占了一整間小木屋。

傍晚用過餐後，母親和妹妹在木屋裡看著電視，有一搭沒一搭地聊著大學生活，我走到戶外，肺部塞滿雨後木屋的氣味，夏日的夜裡星光滿天，風裡帶有一點濕潤的泥土氣味，螽斯齊鳴。我試著閉上眼睛、蹲低了身子，去感受這一切。

我忘卻了許久的，以為長大以後能夠享受到的自由，大概就只是這樣的氣味——只是想，能以自己的方式踏在這個世界上。可是，就連那樣也如此難以達到。我被困在一段又一段的關係之中，自以為是地扛起那些本不需參與的責任；一直要到後來，才能懂得欣賞發生在自己生命中的那一切，懂得欣賞自己在其中的努力。

妹妹推開了木屋的門，「阿嬤要你打電話回家，電話裡不知道說你成績怎麼了，講都講不清。」

於是終於結束了。我想。

「我被退學了。」我對母親說

沒有想像中的沉重，當我從電話那頭聽到外婆急迫而疑惑地說著學校寄來了成績單，問道：「怎麼有兩次二一的紀錄？」心裡反倒有種塵埃落定的解脫。一直以來被這些大家期望我成為的樣貌所綑綁，害怕著有一天當這一切假象全遭戳破時，世界會如何頹敗傾塌。然而，世界繼續轉動著，時間繼續推進著，那些謊言碎裂後唯一顯露的，只有我醜陋的面目，卻至少是真實的。

我終究必須面對。

於是，我不知道從哪裡找到了力氣，踏進小木屋，對著母親和妹妹。

「我被退學了。」

眼淚

隔天，我們放棄行程，直接從雲林開車到學校。

我領著母親穿過大半個校園來到系辦公室，其實知道終究徒勞無功。這一切不過是場隱喻，大一的那場淹沒寧靜湖的大雨，便已預示了這一程的風雨。

最後一程了，陰霾的天空仍下著細雨，沒有不同。這是開始，也是結束；我是龍宮歸來的浦島太郎，淋濕一身後，時間陡然而過，而我仍舊空白。

穿過研究室的長廊，我拉開系辦大門的冰冷手把。

我們坐在系主任專屬的辦公室內，除了事務桌和書櫃之外，五坪大的空間僅放了組沙發，沙發旁小茶几的桌面上積了一層淺淺的灰塵。平時教授還是習慣在研究室裡工作吧？因此，主任辦公室看來沒有太常使用的痕跡，辦公桌上沒有文具、雜物，書櫃裡的卷宗夾也只是稀疏地斜擺著。

待系辦人員聯絡後，才發現系主任早換成我「普通心理學」課的教授，她依舊穿著我記憶中連身的長洋裝，看著系辦影印出來的，我的學期成績單。

這場景太過熟悉，我想起高三那場決定就讀學科的會晤。人不同了，結果還是一樣的。重複著，重複著，三年前我沒能堅持自己想要的，而今卻是自己親手毀掉了那些可能的未來。我痛恨我自己。

「成績單出了什麼問題嗎？」教授開了口。「哪一科的成績有出入嗎？」

「不是。」我急著說。終究還是不同，三年前的我可以說服自己其實有潛能、其實不過是家人阻撓了未來，而今面對老師、面對傷心欲絕的母親、面對不知道我怎麼走到如斯田地的妹妹，卻再也沒有藉口可以推託。「我知道自己的狀況。成績沒有問題。」

「那，是什麼問題讓你跟媽媽這樣跑一趟？」

「老師，我是想，」母親在旁邊開了口。「有沒有什麼補救的方式呢？像是休學之類的。總會有什麼方法吧？」

主任思考了一會，回答。「沒辦法了耶。如果成績還沒有出來，還可以申請休學，不過現在學務系統關閉以後，對於學生的學籍已經沒辦法修改了。」

「老師，如果這樣的話，可以告訴我們任課老師的辦公室嗎？我想問問看老師們能不能改成績。」

「現在有點太晚了。」主任說道，「學校系統在三天前就已經關閉了。如果系統還開著，還可以看看在及格邊緣的科目能不能通融。可是現在成績單都寄出了，系統也已經關閉，沒辦法修改了，這一點真的沒辦法幫上忙。對不起。」

「教授，」母親欲言又止，在短暫停頓後，顫抖地開了口。「不能麻煩教授嗎？系統沒辦法再開嗎？我現在帶著兒子跟各科的老師求求看，可以嗎？只要再一次機會就好。」

主任打了通電話問系辦人員關於學校的情況。在那空檔，我只是想著那個「再一次機會」的可能性。對啊，現在這一刻無論要我做什麼都做得出來、做得出來喔，只要能夠停止這些傷心和悲痛。可是在那之後就真的會不同嗎？那不是想不想的問題，可若只是後悔就能讓一切不同，有多好啊。

教授掛上電話後，轉過身對我們說了聲抱歉。「真的沒辦法了，媽媽。學校系統現在已經完全鎖住了，得到學期開始才會開啟。況且暑假這時候，很多教授都出國進修或參加研討會，也不一定找得到老師本人。」

我只是沉默。是不是就此結束更好呢？已經沒辦法在這個環境繼續生活下去了，剩下的選擇只有離開。該這樣告訴母親吧？然而，那樣的想法看來如此自私，望著母親眼中的淚水，我連將這樣的話說出口也顯得卑鄙。

「沒關係啦，媽媽。還年輕啊！犯過錯，下次就知道改了。就當一次教訓，好嗎？」母親激動地將我的手拉到面前，一遍一遍拭著那掌心上的紋路，像是要從那裡面找出這一切錯誤的源頭。我曾經是她最不需要擔心的孩子啊！一路順利考上國立大學，從來也沒學壞，一次也沒貪玩過，那麼認真地日復一日做好自己分內的工作，還能幫忙擔負著家裡的責任。這些在昨天前一直像是定律一樣，規律地運作著啊！可是，怎麼只是一個晚上，就全部改變了？

而我只是感覺到手上那母親不停落下的滚燙淚水。那滑下手臂的，在掌心失溫，冰涼地刺進心頭。

「老師，不行啊……」母親說，「不行啊。我一個女人拉拔這兩個小孩到這麼大，為的就是他們的未來啊！為了走到今天，為了小孩，多辛苦我都忍了下來啊。老師，你說沒辦法，那除此之外有什麼辦法嗎？我沒有辦法了啊！」

我只記得那眼淚。老師後來責備了什麼都不記得了。

我很想這樣講。

但事實上，那是不可能的，不是嗎？在那一刻，我清楚地意識到自己對眼前的家人做了什麼，自以為在填補別人眼中的期望，可是最後什麼都做不到。做不到。逞強到最後帶給所愛的人的，只是無止境的眼淚和失望。

我這樣一個存在啊！帶來的只有毀滅，無論本意為何，總會給周遭帶來不幸，身處在那中心的我卻只是平靜地依照自己的步調而活——這樣好嗎？可以嗎？

再一次，我想起外婆那句狠毒的話，「你身體裡流著的是那家人的血！永遠也不會是個什麼好東西！」

右手緊緊箍著左手腕，那血液在體內如此頑強地搏動著，並沒有為了什麼而停下或減弱。外婆的話一語成讖，直到現在才明白，那不只是怨毒的咒罵，而是以預言的形式，在我生命中運作著。

像是把自己投擲在沙漠中。一望無際的沙漠，龍捲風夾帶著黃沙不斷襲來。不，那樣說並不正確，因為我就是那暴風的中心，不得不將接近的一切都毀滅那樣的，暴風眼的中心。狂沙中看不清前方，沙塵割破每一吋皮膚，乾燥的空氣灼痛眼睛，全身的血液都要凍結，即使如此，仍必須忍受著那源自內在的狂風，直到自己的存在也被那呼嘯的瘋狂給消融為止。

最後的道別

於是到了最後了。

離開學校的那段山路，再一次。

滂沱的大雨降下，沿著梅山往國道的方向，雨水打得我看不清窗戶外僅僅一寸光影的風景，我用手指不停地擦拭著起霧的窗。凝結了，擦掉，凝結了，擦掉。擦去了上面凝結的霧氣，卻擦不掉那些雨滴。

低溫冷得我不停打顫，可是那一切都沒有意義了。都過去了。結束了，我的青春。

我們上了高速公路，以時速一百二十公里的速度，對學校永久道了別。

第六章 退學之後

穴居

哪些是真的？又有哪些只是為了傷害而編造出來的呢？我不曉得，只曉得這些傷口來自最親愛的人，於是非得彼此撕咬到見骨，才能讓對方感到自己所受的傷痛。

什麼都沒有了，包括我自己……

再一次，我在清晨醒來。

房裡一片漆黑，床邊的時鐘正規律擺動著，微弱的聲響帶有一種莫名的真實感，切割開夢境與現實的隔界。我張開眼，不想那麼清楚地區分幾點幾分，那幾乎沒有意義，我只需靠著窗簾後透出的餘光去分辨白天黑夜。

將房門緊鎖，我傾耳聽著房門外，沒有動靜。

那很好。

我仰躺著，盡量不去想家人失望的眼光，只是拚命張眼凝視天花板，可那像在盯著一張全白的紙一樣，找不到任何焦點，思緒無以阻擋地奔流著，溺進時間裡那個無法擺脫的漩渦。

怎麼會走到這步田地，其實我一點都不知道。

我以為自己認真看待生活，努力在配合現實，調整步態，工作也盡量勤快。我試圖將身旁在乎的人的苦痛一一吸收，然後馱著成為自己的一部分那樣呼吸著。前一秒，所有人還將自己視作品學兼優的模範生，努力維持著學業與家庭的平衡；可下一秒鐘便失去這一切，我那些掙扎的、無人覺察的時間成為標靶，苦痛無人看見，淺薄的說法聽來像是藉口，「憂鬱」不過是搪塞脆弱的方便法門，在生活的壓力面前不值一提。

「你不要拿憂鬱當藉口！有多少壓力？這個家不是你在撐的！」他們說。於是我曉得自己最大的罪孽，來自於還不夠堅強，沒有辦法承擔起這一切。談感受太過奢侈，只存在於能夠拯救這個家的前提，才有資格傷春悲秋。

即便所有謊言都已赤裸得露骨，我還是必須不斷生出力氣，去對抗那些已經分不清的一切。於是只能用盡最後的力量，盲目攻擊著這世界，是為了證明自己還有力氣吧？又或是害怕，所以在被傷到無力反擊前，用力推開一切？

「你自己想一想，為什麼會被學校退學？」母親問。

「你想做的到底是什麼？」妹妹問。

「沒有大學學歷就算了，你跟著媽媽好好學做生意吧。」外婆說。

像一隻負了傷的敗犬，我把那一切用咆哮一一堵回去了。

「不是為了幫你，我才不會落到今天這個地步！」

「為了我？」母親也動了怒。「你好好想清楚！我告訴你多少次，以自己的學業為重！如果沒辦法幫媽媽，我也會自己想辦法！」

「可是我幫了！而且因為這樣被退學了！」

我其實分不清謊言的邊界了。哪些是真的？又有哪些只是為了傷害而編造出來的呢？我不曉得，只曉得這些傷口來自最親愛的人，於是非得彼此撕咬到見骨，才能讓對方感受到自己所受的傷痛。

「真的是這樣嗎？」母親的聲音刺進我的耳裡。「你是因為做生意才不去上課的？還是從那之前就已經開始逃學？我不是什麼事都不曉得！」

語言是最殘酷的暴力，那當中包含的不信任已經把過去幾年的掙扎都抹煞，那一切在別人眼中只是毫無價值的白工。小心地阻斷外婆那些仇恨的毒液漫流，掙扎在學業與工作間的天平，和自我鞭笞的、把自己咬得體無完膚的對於生與死的執念，我一切的憂鬱和膽怯……都變成最懦弱、最輕蔑的一口濃痰，隨地一吐就無人清理。

「隨便你相不相信！反正在你眼裡我爛透了！」

「不要好像全世界的人都對不起你一樣！我為你做的，夠多了！一直到外公心臟手術之前，你負擔過多少責任？就算是外公手術以後，你也只不過需要每天通勤，實際上做了什麼嗎？沒有！以前你還懂得反省，說是自己對本科興趣不高。那現在呢？你完全停止了思考，整天在電腦前到底想做什麼？」

爭吵的最後總是咆哮，然後一次次鎖進房門，我無法再承受更多的什麼。

那些問題啊，我反覆地問過自己多少遍，從以前到現在。可是愈問就愈加迷惘，想要的、想做的那麼多，卻都只是模模糊糊的、還沒成形的影子，只確定自己拒絕了多少。一直到現在所做的每一樣選擇，基準不在我「想要」哪一些，而在「不要」哪些，這個事實讓我十分害怕。

於是我始終只是一個被捧在手心上享受著特權的、嬌生慣養的孩子，一切行動都是如此自私，卻又沒有能力負起選擇的責任，只能一次次把失敗的後果塞給家人善後。我這樣一個人，終究是建築在「惡」之上，即便不刻意做些什麼，也會在無意中傷害、拖累身邊的一切。

可我現在還沒有餘力去領會那所帶來的是什麼樣的結果。

惡瘤一個

母親和我做好約定，工作時不提起退學的事。或許是保護我的措施吧，可那感覺就像是背後長了個不可告人的惡瘤，這惡瘤是自己不檢點的結果。

而除此之外的時間，我只是將電腦電源開機、上網，把自己丟到那個虛擬的空間裡，用經驗值和裝備短暫地填補那些永遠沒有回饋的努力。

那竟然是我第一次擁有自己休閒的時間，在被一切放棄了之後——過去即便是在最無望時、在書店悠晃的時刻，心裡還要恍恍地掛念著那些閱讀要如何在未來成為我書寫的動力。

可現在，我已經不知道自己還能做什麼、不知道自己是什麼了。於是只有把自己投擲到那其中的世界。如果現實不容，是不是至少在那些虛幻的、不必負責的世界裡，得以保留一點美好？

我不曉得，只是望著螢幕上那個虛幻的、被自己創造出來的角色而乾渴著。

我要變得夠強、要被看見。

我要跨越現在的這些傷口，回到曾經的年少。

入伍

我曾經認真思考過在成年那一刻，為了身為男人而自殺。排在入伍體檢隊伍中，沒有惶恐是自欺欺人，然而，我只是將那一切緊緊地藏著，用最淡然的表情面對世界。

兵單來了

當年年底，我接到了兵單：一月五日，陸軍一九八五梯新兵報到。

軍隊對我而言是太過陌生的領域。身邊沒有一個服過役的朋友或家人，唯一印象是外公描述的白色恐怖時期的高壓、電視裡的鬼話連篇及軍教片裡魔鬼般的訓練。

蟄伏了一整個青春期對自我男性形象的恐懼如此扭捏，我曾如此以自己的性徵為恥，害怕自己身為男性所擁有的特權，終有一天會使我成為像小時候所看到的那些男人。那樣貨真價實的恐懼蔓延了整個青春期，我不斷為成為「男人」做準備，帶著以死了結自我的決心。

想著自己曾經認真思考過在成年那一刻，為了身為男人而自殺，排在體檢隊伍中的我幾乎要笑出來。

想像中的那些擔心始終沒有發生，或許是從退學後，為了逃避家人和自我譴責的眼光，隔離的功夫做得太到位，時間到了，我只是像一般人一樣領著塑膠杯，在小便池前排成一排擠尿做篩檢，然後乖乖地在醫師前面脫了內褲起立、蹲下，檢查青蛙腿和疝氣。

沒有惶恐是自欺欺人，我只是將那一切感覺都藏到心裡最深處，像是闌尾炎一樣任它腐爛著，總有一天必須要割除吧，或者潰爛，蔓延周身。然而，我只是把它緊緊地藏著，用最淡然的表情面對世界。

總要面對的

入伍前，我和父親見了一面，為了辦理健保轉出。

如果我的生命是場遊戲，父親大概是「性別」這個關卡裡的大魔王，這個在我成長過程中幾乎未曾參與過的、血緣最深的陌生人。

從小我和他相處的記憶幾乎只剩每年新年，母親不顧外公、外婆強烈的反對，而要求我們回老家拜年。在別人一家團聚圍爐的時候，外婆和母親正吵得厲害，父親撥來一通電話表示自己到了家門口，要我們兩個小孩出門；他搖下車窗，我們花了兩、三秒的時間確認——喔，是他了，然後上車。

長久不曾相處，使我們相對無言，只能靜靜地回到父親的老家，領了老人家的紅包，然後把自己縮在側房的一角不發一語幾個小時。

和父親那邊的親戚從來不親，對我而言不過是過年時出現的幾張面孔，重複著傳統大家庭當中，妯娌兄弟之間的齟齬和爭執。我好討厭那間側房的氣味，從父母還未離婚前便是如此。

父親在我們面前從未說過什麼，卻往往在朋友聚餐酒足飯飽之際，藉著酒意，對周遭抱怨著莫須有的罪名。他說母親當初拋家棄子在外面養男人，說小孩被教壞了不接他的電話，從來也不曾叫聲爸爸，而我們總是年復一年被父親的部屬拉到桌旁訓斥，世故地應付著大人間為了權力位階，演出的俗媚戲碼。

而現在，我得在自己瞧不起的男人面前，坦承自己的錯誤。這個男人拋棄了自己的責任，就只因為這麼一個簡單的理由，我們走了多少冤枉路，受到多少人冷嘲熱諷的批評，就為了這個男人的懦弱和無情。我成長的過程不斷被教育著非得到達他搆不到的高度，結果在那之前，我便必須低下頭，為自己的錯誤向他俯首稱臣。

好不容易從母親的名片夾裡找到了父親的名片，撥通，電話那頭並未認出我的聲音或電話號碼；認不出來，卻總是在別人面前強調著自己對我們的關心，然後不斷派說客在我們面前指著鼻子，罵我們不孝。

此刻我無意追究，陌生在此時反倒免去了解釋被退學的尷尬。「我要入伍了。」

「是嗎？」父親只是這樣說，含糊的聲音表示唇齒間咬著什麼，大概正叉著腿，叼根菸，躺坐在辦公椅上吧。

「所以要辦健保轉出的手續。什麼時候有空？我去找你好了。」

「那就明天下午吧。我公司在哪裡，你知道吧？」

「知道。」

「七樓進門直走最後一間辦公室。應該很好找，我的辦公室是獨立的。」

「好。那明天我下午四點左右到。」不帶一點多餘的情緒，我收了線。

父親

我從不記得父親的臉，
卻還記得他酒後吐真言那晚，
那一刻，他允許自己對孩子顯露軟弱，
是我真正看見父親這個「人」的唯一時刻。

父親

記憶裡，父親是那麼高大而令人恐懼，可是時間過去了，他變得衰老，而我也不像過去柔弱瘦小。父親留下的，只有那與外表不相稱的自我膨脹假象。

父子假面

隔天下午，我準時到了父親公司的大樓樓下。

打過電話後，我來到父親工作的樓層，電梯一開，他直接將我帶到辦公室門口，「這是我兒子，最近要當兵啦！」像是向世界宣告，父親將我介紹給辦公室裡零星的職員。

我看著父親臉上掛著的笑意，感到格外諷刺。嘿，他不曉得我被退學了吧？就像國小在琴房練琴給外頭的大人們聽一般，我再次被視作展示的商品，可父親不曉得自己展示的不過是一點價值也沒有的劣質品。況且，就算真的大學畢業了，這一切又與不曾參與我生活的父親有何關聯呢？

「哎喲，經理的兒子！長得真好！」一個老練的女職員湊了過來。「是遺傳到爸爸吧？濃眉大眼的，好將才啊！」

我回以拘謹的微笑，縱使知道是客套。「真像爸爸啊！」這樣的話還是多少讓人感覺到不自在。大概沒有人會曉得，這樣一句話在我獨自摸索成長的青春期裡是多麼禁忌的、不可觸碰的傷口吧。

摘下慈父面具之後……

父親關上辦公室的門，收起了笑容，整副身軀埋進皮質的辦公椅。點了根菸，吞吐間，煙霧埋沒了表情。

我非常仔細地看著父親哪。這個人以缺席的形式影響了我的一生，我卻從不記得他的臉。身邊的人都說父親是因為一表人才而招來桃花，那麼時間必定改變了太多。我眼前的這個男人啊，眼皮浮腫，皮膚糟糕得像蒙上了一層灰，叼著菸的嘴唇因為長年的菸癮而泛紫，薄削得像一把利刃。

記憶裡父親是那麼高大而令人恐懼，可是時間過去了，他變得衰老，而我也不像過去柔弱瘦小，這一切不過是自然定律。父親留下的，只有那與外表不相稱的，自我膨脹的假象。

「喝茶嗎？」父親問道。不待我回答，他便抓了塑膠杯斟上一杯水，隨手將菸捻熄，轉頭說道：「我的辦公室不大，只有張招待桌，你就先找張椅子坐下吧。」

我接過茶水，在僅供兩人坐的小圓桌前坐下。原以為父親會坐到我對面，不過沒有，他只是回到自己的座位，蹺起二郎腿，把自己深深地陷在皮革辦公椅中，彷彿宣示這塊地方是他專屬的王國，他的王座。

「抽到什麼兵種？」父親刻意避開我的視線，目光停留在壁上的一幅題字。

「陸軍。」我說，「二月五號入伍新訓。」

父親吐了一口煙，煙霧在眼前漫開，模糊了我和他彼此之間短得嚇人的距離。

「那……會緊張嗎？」

「還好耶。時間到了，自然就得入伍啦，談不上緊不緊張的問題。」我保持著微笑和禮貌，決定將他也同樣當作客戶，像平常那樣做就好了，我這樣對自己說。

「也好啊，進去磨練磨練。沒當過兵就不像個男人了！」父親只是像每個當過兵的男人，說著相同的話。「當了兵，肩膀才能扛得起責任啊！處理事情也不會那麼毛毛躁躁……」

我忍不住覺得諷刺。「頭殼壞了嗎？出錢替人養小孩？」父系家族談起父親應該給我和妹妹的贍養費時，曾經是如此的態度，於是我們從父親那裡得到的最多是減免後的學費，還是他手頭寬裕到願意支付學費的情況，更別提每個月的生活費。

在這樣的狀況下，父親口中的「責任」，聽來格外淒涼。

「好快啊。感覺你們才剛從國小畢業而已呢，怎麼忽然就發現已經讀完大學，準備當兵了。」

我愣了一拍，終究還是選擇了開口。

「我……」

父親會怎麼看呢？這瞬間轉過太多的念頭，然而，無論是哪種都好吧，我只要懷著巨大的偏執，堅決認定這樣的錯誤，父親要負上更大的責任就好了吧？無論他有何種反應，那都是我的復仇啊！難道不是這樣嗎？如果不是父親單方面出走，母親不會到了三十五歲還得陪酒，我不會因為想補償而賠上所有心力，要讓家人生活好一些，外公、外婆不會那樣獨裁而偏執，我可以不必陷在這一切不必要的焦慮裡，我可能不會因為憂鬱而拒絕求學的。

我可能的！是嗎？或者只是再次把自己的責任推諉到其他人身上了？不曉得，可我只能倚著僅有的一點恨意當作力氣，然後說：「我並沒有大學學歷。我被退學了。」

一瞬沉默。

「什麼意思？」父親眼中的空白一閃而逝，他斟著茶水，臉上已無半分驚訝，只是漠然。「怎麼搞的？」

我想到父親那些碎嘴的親友。

這消息傳出去，會有什麼樣的閒言閒語？

我想著那一個個無面目的臉孔在暗地裡冷笑，倔強地不開口。「沒什麼。」

父親也不追問，只是將杯中剛斟滿的茶水一口喝下，而後塌坐回牛皮辦公椅，一面叼著菸，輕蔑而含糊地問道：「所以你之後打算怎麼辦？」

「之後？」

「自然是退伍之後。」父親神色不耐，兩指一彈，菸灰重重抖落。「難不成要跟著你媽媽做生意嗎？」

我眉頭不禁蹙了起來。退伍之後的出路，自然還沒有餘力去想，然而，父親語氣中的不屑令我不禁怒火中燒。

「你媽媽做的那生意，要是能夠長久也就算了。」父親斜眼睨著我，「在我看來，也只不過是一陣流行，風潮過後也就乏人問津了，有多少前景可言？現在看來可能好賺了一點，過陣子呢？還不是像以前的葡式蛋塔一樣銷聲匿跡？」

我沒作聲，只是以雙手捧著茶杯。

「你媽媽想做什麼我管不了，只是真的不能苟同。無論是現在這生意還是以前陪酒那時候，又能夠做多久？」

我開始覺得可笑。

非常可笑。

究竟，他是用什麼樣的心態、什麼樣的眼光去看待這個家呢——這個他恣意就放棄，要我們在其中苦苦支撐著的家？

父親絲毫沒有察覺我神情的變化，只是一逕將視線投在半空的煙霧繚繞，然後敲了敲菸盒，又點燃了一根菸。

我想起了父親將菸灰抖落在獎狀上，燙出幾個焦痕的過往。他那時候的表情到現在一點也沒變過。

這是個太過自我的男人。

「要是真的沒工作，到我這裡來也可以。爸爸雖然只是個區經理，要帶個新人還不成問題。這一行至少餓不死人，爸爸我做了二十幾年，從來不怕失業，總好過在你媽媽身邊瞎闖，什麼時候能搞出一點名堂來？你媽媽要是真的有能力，當初何必把你們寄在你外公、外婆那裡生活那麼多年？」

那你呢？對我付出過什麼了？現在我明白，他從來不曾意識到自己的離開給整個家帶來的影響，從來未曾意識到自己對這個家的責任，他所在乎的，不過是身為我生理上的「父親」所應該得到的尊重和權威。他曾經如此瞧不起自己的父親，或許還曾想過要成為一個好父親吧？可是他維持著虛假的自尊，到最後，終究只是複製了兒子如此不齒父親的輪迴。

「不過，要是你要來我公司上班，學歷還是得爭取。我自己至少也是大學畢業，再加上多年經驗累積，才能有今天這麼穩定的情況。那個時代要找大學畢業生可不容易啊，不像現在，至少也要研究所畢業才算個屁。你要是沒有基本的學歷，就是我也難保，懂嗎？」

我努力壓抑著心裡的情緒……終於還是讓所有人失望了啊！這一刻，我被眼前自己瞧不起的男人睥睨著，就因為自己一手造成的錯誤。所以我只能忍耐。將教養當作最後的尊嚴，是我和父親不同的區分。

「再說吧。都還沒入伍呢。」我從隨身帶來的帆布包裡取出文件，站起身。「入伍通知書裡要我準備的東西都在裡面了，差不多什麼時候可以辦妥手續？」

「簡單啊，等會兒我就拿給部屬處理，快的話，兩天就可以拿回去了吧。」父親接過文件，隨意在辦公桌上一扔，仍抽著菸。

任務完成，我再也無法忍耐在這房間裡久待，只望了父親一眼。「也該是吃飯時間，那我先走了。」

要打個賭嗎？父親對我的事一點也不掛心。也許在我走出大樓的同時，他就忘了放在桌上的文件。

我發動引擎，連回頭一眼也不願意，徹底遠離了這棟大樓，和殘留在衣領那令人欲嘔的菸味。

回歸

不再倚賴成績做為自己值得被家人託付的依據，不再需要母親帶領著而活像隻剛學舌的鸚鵡，在這裡，當我赤裸著被丟入人群後，依然被接受了，而且可以適應得很好。

入伍的第一天

「兩么五洞，寢室熄燈。」教育班長提著手電筒，在各個床鋪逐一檢查，一面兀自大聲呼告。「拖鞋對齊地板金線，上鋪左下鋪右，鞋板收在床鋪下，臉盆對齊床鋪邊線，蚊帳塞床單下，就算再熱棉被也給我攤開。每天晚上熄燈以後我會來晚點名，叫到名字的坐起來大聲答有，哪一個沒讓我看到坐起來的吃不完兜著走！接下來還有一個多月時間啊，皮都給我綳緊一點！每天早上五點半起床，晚上十點以後營舍裡就不准有燈還亮著，要是想上廁所給我摸黑上！都聽見沒有！」

「聽見了！」

隔著蚊帳，我輕聲地呼了口氣。

這是二〇〇六年一月五日，入伍的第一天。經過一整天日曬、一堆待辦事項和勞動之後，每個人都有些疲乏，不一會兒時間，身旁兩側的床鋪已經紛紛傳出鼻息聲。

我躺在行軍床上，窗外的月光透過蚊帳罩在眼皮上，一點睡意也沒有。四周紛紛響起的打呼聲、上鋪翻身晃動了整張床啪嗒作響，在軍隊的夜裡顯得那樣清晰。我將頭一扭，聞見陳舊枕心裡傳來的一陣頭油特有的甜膩氣味。

這便是往後一年四個月必須適應的生活了。

我轉過身，大字形躺在床上，眼皮緊緊地蓋上。

果然啊，這個男人

父親最終沒有讓我「失望」，毫不意外地，直到入伍前兩天，在我打過電話催趕後才交辦健保轉出，臨櫃職員還不小心脫口說出父親在接過電話後，趕忙要他以「急件」處理。

老實說，鬆了一口氣啊，比起家族與父親間的愛恨糾葛，我更想確認的其實不過是「他並不愛我」這回事。從此不必為此擠出一點感情，不用為了過去未曾有機會認識而多生愧疚。

「父親」，不過是早年我被迫丟棄，並且已經失去意義的一個詞彙，不需要是家人，光是這一點就足以令人寬慰。於是，我多少可以擺脫將他視為假想敵的罪惡感，不必擔心他是否私下關注著我的發展，也不必苦苦追趕著要超越他。

我們是血緣構成的父子，但也不過是如此罷了。

開始找回自我

我曾經如此恐懼著軍隊，恐懼和一群男人在高壓的封閉環境中過群體生活，結果當真正在其中過著極規律化的生活，和同梯一起邊幹譙長官、邊工作的過程，卻慢慢使我重回軌道。現在回頭看那段憂鬱與自責的日子，單單感受到當時圍繞在周身的沉重便幾乎令人難以喘息。

而我竟這樣活過來了。

現在的平靜，好不容易才得到。

好不容易，所以特別珍惜。

我並不真正曉得讓自己從那些自虐裡痊癒的究竟為何，也許是被軍隊再社會化的過程中，找到了自己的確可以跟人群相處的能力吧。

不再倚賴成績做為自己值得被家人託付的依據，不再需要母親一步一步帶領著而活像隻剛學舌的鸚鵡。當我赤裸著被丟入人群後，依然被接受了，而且可以適應得很好，縱使在新訓當中，睡在鄰床的阿兵哥下週要因為重傷害罪出庭，上鋪的成天誇口自己兜售FM2藥丸賺了多少，我們都一樣剃著超短的三分頭、一樣被班長幹醮，也一樣成為彼此在不確定當中的支持。

或許受苦是好事。倘若不曾經歷那些，我永遠也不曉得那痛苦的面貌為何。正因為曾經面對過，因此下一次當那苦痛襲來時，便能更好整以暇地與其共生。那是最該學習到的，從錯誤中。

於是我明白，所有的錯誤都不只是生命當中的一個汙點。生命不可能始終像一張白紙一樣毫無焦點地漫漫度過，非得留下些什麼痕跡，才能賦予白紙一些意義。所有的痛苦和錯誤都不只是用來追悔，一次次的痛苦，都在試探和擴張著我們的能力，是成長必然的軌跡。我只是必須學習如何將那視作墊腳石往上罷了。

而我贖罪的旅程已經結束，終於了解到即使犧牲了自己的人生，也不見得能為周遭的人帶來幸福。

我對家庭的虧欠已然歸還，終究要走回自己的路了。與母親一起為客戶分擔人生的工作成為心頭浮現的第一選擇：我想念與別人分享著人生，陪著他們面對困境，試圖從中找到一點力量繼續堅持的過程。

但同時，母親與我的方向已然有所分歧，所以我需要尋找另一種屬於自己的生活方式。

我決定，考回心理系。

第七章

死亡與重生

蟄伏

與母親吵架後，總是母親在房門下塞了張紙條，傾訴這段日子她的辛苦。我一封封收著，卻像從未讀過一樣地繼續生活。我討厭無法低頭的自己，可又不敢低頭。

生活無法簡單

如果可以，我真想說在退伍後再也沒有風波，我如期考上了大學。

但生活從來不曾如此簡單。

人口零丁如我家，任何一個決定都是牽一髮而動全身，是需要挪動家庭成員所有資源應對的大事，可偏偏我總是努力搬移著自己的資源去應對改變的那個。

我退伍前，母親在住家附近找了間店面，除了天珠生意外，也提供簡單的餐點和飲料。我對天珠工作還算熟手，廚房備餐、調飲料的工作也並非難事，加上大多是熟客光顧，即便母親因為送貨不在店內，我應急準備的菜餚總也還入得了口，退伍後，我便理所當然地接下了店面的工作。

應屆畢業的妹妹有意繼續攻讀社會系研究所，可母親在此時罕見地反對了妹妹的意向，堅持希望她就業，若她執意念研究所，學費只能靠自己想辦法。

這樣的態度激起妹妹反彈，而我成了最大的箭靶。

「為什麼哥哥不讀書被退學都沒被說過什麼，我想讀書，你就不支持？」

「為什麼哥哥就可以留在家，我就得出去工作？」

還能相信自己嗎？

我花了四年時間的工作，成了沒有能力、只能滯留在家的明證。退學是個太過鮮明的標誌，刻印著不值得被信任的本性，於是即便我自入伍以來便不斷提及想重考大學，從熟識的友人那裡抱回了整套參考書，我「重考」的決定，仍被質疑是為了逃避工作而曇花一現的念頭。

母親時常透露著工作需要幫手的訊息，又或者擅自替我報名了一連串命理課程，輕描淡寫地說：「讀大學出來也不一定有工作。媽媽現在還能撐，你跟著多學一點。」

另一方面，我也不確定自己是否有足夠的能力，支撐當初難以捱過的大學四年課程，家中的工作又看似因為增大規模而需要支援，若想專心自學，工作之餘零碎而變動的時間，頂多用來背背單字，幾乎不可能有什麼系統性的學習。

於是慢慢地，我在店裡讀書的時間少了，也不再提起自己想重返校園的事。「再等等吧。」我總是這樣說服自己，但在家人眼中，卻只是一再驗證了我好逸惡勞的個性。

舉棋不定

除了擔心家中的經濟狀況，質疑自己是否真的能夠適應校園生活之外，母親想彌補過往時間的意圖，也讓我遲疑著應該以什麼樣的方式離家。

即便已經退伍，母親有時對待我的方式仍如同對孩子，或許不過是工作中一個摸頭的簡單舉動，但我清楚那在母親的眼中，是過去在求生過程裡沒能陪伴的遺憾，又或許是過去幾年裡，她始終懷抱著能夠一家團聚的願望。

好不容易等到我退伍，妹妹也從大學畢業，看似終於可以實現夢想，才在此時找了個店面安頓下來，「成家」的意象太過明顯。

可是我已經長大，大到早已曉得無論過往錯過的時間多麼寶貴，都再也無法重來，即便我們再怎麼想彌補那些逝去的時間，有些事過去了，就再無挽回的可能。

我已經無法回到八歲那個剛回到原生家庭面對父母婚姻生變的年紀；那些曾經的迷惘和害怕也許一度困住了我；母親為了生活不得不放棄陪伴孩子成長的機會，或許是個遺憾——可存在於此時的我，卻是基於這些已經過去的遺憾和害怕、迷惘，以及從當中所培養出的而存在，無論那是軟弱或勇氣。

那些遺憾，使我成為現在的自己，所以無法後悔，也無須後悔。我們唯一能把握的，永遠只有即將要來的未來。

可或許正因如此，我才遲遲無法決定應該忽略母親想將一家兜在一起的決心，還是放棄對自我的追尋。

退學的傷口，一次次被撕裂

並非不喜歡母親的工作，只是長久跟著她工作下來，我逐漸發現母親助人的方式與信仰，和自己走上了不同的道路。

母親帶著我一頭鑽入命理世界，然而對我而言，八字十神的排列組合和五行相生相剋便能夠決定人一生的命運，是個太自大的假設——若真如此，我們所經歷的愛恨情仇、痛苦艱難都只不過是出生時的一串密碼所致，無論經歷了哪些，我們從未自其中學習些什麼，不過是隨著一串出生時的數字被推動著往前罷了。那樣的話，我們又為何要擁有感受、擁有悔恨和改變自己生命的能力呢？所謂命理，不過是意圖從數字當中，抓取一點對自己生命的控制感罷了吧。可生命不正是在無法控制的時候、在拚命調整自己應對痛苦的時候，才能夠讓我們成長？

抱持著種種質疑，我始終無法投入命理的學習，卻又無法斷然拒絕這些安排。一方面，我害怕自己驟然離家對母親的打擊，特別是看過她在我遭退學時，流淌著淚哀求系主任的情景，我只能夠吞下滿腹的疑問和不滿，勉強在已然食之無味的生活中，繼續打轉。

然而，家中頻頻的爭執消磨了相處的品質。

對我而言，「退學」是人生一個巨大而難以跨越的創傷，還沒結痂，又被不斷拉扯、劃開，那樣的指責不斷提醒著我曾經的錯誤和對家庭的損耗，而默默付出扶持起家裡的那些努力，早被稀釋得無人看見。像是卡夫卡《變形記》裡那個某天起床忽然長出殼的主角，無人看見那些他曾經努力生活的痕跡，只因為那突出的甲殼和節肢太過奇異。

我醜陋的樣貌，逼得每個人都只能陷入痛苦。

於是那段時期裡，我不時與母親、妹妹發生零星的衝突，而吵架的最後，總是母親在房門下塞了張紙條傾訴這段日子她的辛苦。我一封封收著，卻像從未閱讀過一樣地繼續生活。

我討厭無法低頭的自己，可又不敢低頭；一旦低了頭，離家的決心必然削減，於是即使痛苦，仍然只能用傷害彼此的手法，一刀刀砍著好不容易鞏固起來的連結。

那段日子裡，在這些掙扎之間，我能夠不為所動地留在衝突中心點的動力，大概是重拾書寫的習慣。

退伍後，我開始以小說的形式在部落格上整理從小到大的生命經驗，每一週為此花上許多時間，只為了從中找尋某個能支撐自己下一步的契機。可龜縮在電腦前的模樣，僅加深了家人認為我沒有目標的印象。

母親以為我沉迷線上遊戲，沒有告知我，便自顧地幫我報名鐵路局特考，繳了補習費用，一廂情願地認定我對自己的人生沒有一點打算。可這些行動都不過是推著我背離家庭，愈來愈遠罷了。

生而為人

母親只說了一句話，可就足夠了。「你讓我想起你爸爸。」幾乎令人無法呼吸那樣的沉重，便是所謂的生命。生而為人，我很抱歉。

山雨欲來

我和妹妹的衝突爆發在母親購置新屋後不久。

說起來大概是我退伍半年後左右吧，母親店面的生意好不容易穩定一些，有一次，我趁著理髮的空檔外出透氣，回到家時，母親已經買了一棟四樓獨棟、一樓做為店面的房子，當天便付了頭期款。

看著家人興奮的樣子，我幾乎無法喘息。又是一個填不完的坑洞，我心知肚明，對家中經濟壓力的顧慮不會有結束，自己可能就此卡死在家裡，被視為一個只能吸食家中資源而活的寄生蟲。可是，要在家人背著一個比一個沉重的壓力下，宣告自己必須離開家庭才能真正追求自我的規畫，卻又顯得如此自私而理由薄弱。

「敗家子！」在別人眼中，大概會是這樣的吧？

其實我說不出口的最主要原因，是無法相信自己吧！因為我多害怕會發現，從小自己唾棄、鄙夷的那種男性從家中攫取所有資源卻一事無成的形象，竟是我如今最寫實的樣貌！

我不斷鬱結著，一事無成的巨大恐慌，混著家人和我對自己的鄙視，化作憤怒——傷人？自傷？成了排解憤怒的手段。

於是，此時妹妹的糾纏成了再清楚不過的矛頭。

兄與妹的心結

一直以來，妹妹的世界都在一個掙扎著的拉扯狀態：一端是我這樣一個看似模範生的典範，一端則是她的自我意識。

每一回她為了成績被責罵，總是哭著說：「對！我就是沒有哥哥那麼聰明啊！」因此，我始終都曉得我們兄妹之間那種糾纏的競爭。

妹妹羨慕我能夠輕易達到大人的期待，而她在努力後仍然沒辦法追上的狀況下，轉而順從自己內心的聲音：她不顧慮外公、外婆的禁令，在放學後和同學結伴，假日告知要去圖書館念書，卻是到市區遊蕩；經常違反外婆規定的諸多雞毛蒜皮的生活小事。

我想她可能無法想像，只能倚靠達到家人的期待以維持著平衡，努力不讓那已搖搖欲墜的家傾倒下來的我，有多羨慕她始終可以打破規則，去追尋自己想要的一切。而我，往往只敢順應著外婆的期望，以換得家庭的短暫平和：三天洗一次頭，縱使因此下意識地避開所有同學的肢體接觸；我從未答應和同學在課後外出，從不讓同學進家門，並明白告訴他們我的電話被外婆監聽的情況。由於外婆的脾氣，我必須犧牲自己在課後和同學相處的時間，甚至必須犧牲自己想要的未來。所謂的「聰明」，即使真的存在，恐怕也只能算是詛咒吧？

可回到高中那個時刻，我所扮演的，儼然是個守護者。在外婆奮力甩妹妹耳光，眼裡迸著血絲要她滾出去的時刻，我只能佯裝凶狠地與外婆對峙，將焦點轉移到自己身上。

妹妹在成長過程中總是與我親近，兩個人每天睡前往往聊上一、兩個小時。

母親曾提到，有一次她倆起爭執，妹妹說了句氣話便不再搭理她。

「哥哥都不會對我做的決定說什麼，你為什麼要一直反對我？」妹妹說。

或許對她而言，我不僅僅是陪著她一起長大的兄長，也同時是個依靠。可正因如此，她更無法理解這一切改變吧？

我也無法理解。

如果只要努力就有報酬就好了，因為我其實那麼努力地想讓一切變好啊，可是卻總是事與願違，眼睜睜地看著自己幾乎要滅頂，我的無聲呼喊，無人聽見，最後凝結成幾乎要毀滅一切的控訴。

為什麼，我還活著呢？

我已經忘了那場爭執如何而起，我們又究竟吵些什麼。

一開始，只是妹妹下班後又和母親在爭執她升學與否，而我一如往常地被捲入。可就在下一秒，耳鳴讓我什麼也聽不見，全身血液迸到臉面上，像是一顆即將爆破的氣球。長久的壓抑下，我完全失去控制，絲毫意識不到自己的動作……

如果我是這一切錯誤的源頭，如果這麼痛苦地活著還努力想找到出路，帶給周遭的卻仍然只有不幸，那麼這條命到底算什麼呢？能不能，不要再這麼疲倦了？我向命運俯首、交出生命，至少在面目還沒有太難堪的時候，好嗎？

我已經什麼都不想再努力了。

到底，為什麼我還活著呢？

自己的存在已經全然被否定，每一個片段都成了家人拿來彼此攻訐的武器，我還有什麼理由存活在世上呢？我什麼也給不起，留下來的只有傷害，像是家中一顆未爆的地雷，眾人只會刻意從身邊繞道而行，而又在爭執當中將我視作彼此毀滅的陷阱。

當意識回神時，我正掐著妹妹的脖子！

發生在眼前的事實幾乎讓我窒息，身體裡像是有座大鐘被重重地擊打，耳朵嗡嗡作響。我在母親的喊叫中放鬆了力道，心裡被狠狠撞挫了一個凹痕。

這樣的場景，不正是我一直以來最害怕面對的，曾經的傷痕嗎？

面對我和妹妹間的衝突，母親只說了一句話，和一個眼神。可就足夠了。

「你讓我想起你爸爸。」

世界瞬間粉碎瓦解，像被核彈轟炸過的廢墟。我貧瘠的肺裡難以呼吸，連自己怎麼回到房間的都不曉得。我只記得，自己一滴眼淚都掉不下來，連眼淚都重得令我無法承受。

我花了那麼多的努力要避免自己成為像父親那樣的人，那麼恐慌地一直難以接受自己是男性的事實，那麼掙扎矛盾地面對著自己，那麼用力地要從我那被限制著的邊緣的家庭經驗當中擺脫宿命，那麼恐懼著去愛什麼，深怕自己傷害到什麼……

結果繞了那麼一大圈，連命都差點賠上，卻發現自己和最厭惡的父親形象那樣相近。

而在我對自己最失望的時候，我的家人、我那麼努力要填補起來的親情，卻是壓垮一切的最後一根稻草。

那麼，我還待在這個家庭裡做什麼呢？我很用力地想把它撐起來啊，可是在一切看起來就要好轉的時候，卻發現只剩自己是風景裡頭最汙穢的部分。

「生而為人，我很抱歉。」

我想起太宰治的這句話。

幾乎令人無法呼吸那樣的沉重。
那是所謂的生命。

妹妹

我和妹妹很親近，
但始終也糾纏競爭著，
她羨慕我能輕易達到大人的期待，
卻不知我多羨慕她可以打破規則，
去追尋自己想要的一切。

時空旅人

我原本不解，外婆和外公彷彿恨對方恨得撕心裂肺，然而五十年過去了，他們卻仍然在對方身邊。一直要到後來，我才曉得愛與恨本可以共存。

外公的最後一程

在我打算如叛逃一般地離家之際，外公來到了家中同住，我未曾想到，那便是他的最後一程。

幾年前動了心臟手術後，外公逐漸出現失智的徵狀，後來他從樓梯間失足跌落，大量出血而直送急診，母親和外婆在加護病房外討論了許久，最後協議由我們將外公接回家裡照顧。

至於外婆，因為生活圈早已固定，加上她當時對外公的徵狀感到厭煩而喘不過氣，暫時不想再和他共同生活，再者，母親開店也沒辦法每天無微不至地照顧外婆的生活，因此她決定繼續留在鄉下老家。

「時空旅人」，這是我私底下給外公取的一個名字。

失智的徵候在外公身上不時出現，他腦中的自己是活在幾零年代當中，我們始終搞不清。前一秒，他還記得自己的妻兒子孫，下一秒就將我們當成他十年前執教鞭時的學生。

母親和妹妹不厭其煩地每一天都問外公和自己的關係，問外公認不認得她們，得到的答案卻往往不能盡如人意。母親有時沒好氣地埋怨，「每天花這麼多時間照顧你，你卻連我是誰都認不出！」

在我看來，這反應倒是太過了。我心裡早知道外公的症狀是不可逆的，從沒費心去問他這些問題，母親和妹妹有時會因此覺得我對外公太過漠視，她們相信這是為了幫助外公活化腦部，我卻覺得只是互相傷害。當外公因為答不出母親的身分而只能傻笑著默默搖頭，我心裡為他們父女所承受的壓力感到難過。

除了記憶力退化的問題外，外公日常自理上的困難，是我們在生活當中遭遇到最難以接受的部分。不說別的，光是到家未滿一週，外公已經換了無數解溺的地點：第一天，樓梯口有他小解的痕跡；第二天的尿溺在廚房冰箱旁。我們不斷在他清醒時，反覆告誡他廁所的位置，然而，夜裡恍惚的他哪裡曉得自己做了些什麼。第三天小解在我妹的高跟鞋裡；第四天，在廚房的餐桌旁。

情況似乎只有愈來愈糟的傾向，而上廁所更是個問題，外公似乎遺忘了抽水馬桶的用法，每次大解完都不曉得如何處理。我意識到外公上廁所的時間過久，及時叫門才化解了他將排泄物擦遍整間廁所的危機。「以後上完廁所除了擦屁股，你什麼都不要做！」最後，我們只能下這樣的最後通牒。

愛恨共存

母親意識到外公的情況惡化得迅速，立刻透過男友安排他到醫院檢查失智症的狀況。在外公住院期間，原定每天晚間由我負責留守病榻，但外婆堅持要留下，我只能在白天偶爾來回醫院，夜間隨著母親舟車往返。

其實我並不曉得外婆為什麼堅持要留在病榻邊。聽說外公夜間經常性頻尿，搞得她整夜無法安眠，然而，她並不如我們一般心甘情願地接受現實。每天當我們一早七點來到病榻邊，外婆的連珠炮便開始，非得我們全盤接受她的埋怨；一向平靜的外公，也因為這些歹毒的話語而屢屢耍起性子。

但是外婆的怨念並非完全是事實，替外公洗澡、協助上廁所、準備便當、起居等，病床上的事務大部分仍由我們負責，外婆從來都只是裹著羽絨棉被在床邊旁觀，帶著輕蔑，而一旦稍不如她意，她便一副要隨外公的病況而倒下的模樣。

由於並非單人病房，我們對於鄰床十分抱歉，面對外婆歹毒的高聲責罵，一整天下來，除了睡眠時間，鄰床的病人非得離開病榻和家屬出外「散步」才得以清閒，只因為外婆一輩子活在仇恨當中。

「你爸也不曉得是不是故意裝病，一輩子做人都是那麼假！」這是一開始的基礎級。

「一輩子造罪讓我承擔，快死了還要我做牛做馬地拖著！」

「你爸那個骯髒性，一輩子也改不了，看到他那張臉就想吐。吃東西更噁心，不曉得父母怎麼教的！」

「怎麼有人髒成這樣，全身臭得不得了。」

「年輕時喝醉酒就追著我打，老了以為我會乖乖服侍你？別肖想！」

「他一輩子對我做過什麼？我現在這樣對他還不夠好？」

「要我忘記他做過什麼？不可能！」

「你爸裝模作樣不是一天兩天的事，從幾十年前我剛嫁給他就開始了！那時候還裝作一副對我的家人多好，一回到家就拿椅子追著我打！雙面刀鬼（雙面人）！」

「在外人面前就裝得多體貼！人家不曉得，還以為你真的是什麼正人君子。垃圾！一輩子偽君子！」

「我以前還懷疑過你爸和你外婆之間有沒有什麼關係，才會聯合著欺負我，一直到現在我還是怨恨著你外婆。有一次我回家，他們兩個關在房裡不曉得做什麼，門都不敢讓我進去！」

說實話，我不曉得以前自己每天聽到這些話是怎麼度過的。外婆的怨毒無孔不入，即使關上房門避開，但為了抱怨，她非常樂意站在房門外默默嘆著氣，等你開門，然後繼續她千篇一律令人毛骨悚然的詛咒。幾乎每個見過外婆的客人，都無法忍受她的精神轟炸超過兩小時。

我始終不解外婆和外公之間的關係，彷彿恨對方恨得撕心裂肺，談起對方就齜牙咧嘴，然而就這樣五十年過去了，他們卻仍然在對方身邊。

一直要到後來，我才曉得愛與恨本可以共存，那本就是一體兩面的關係。

失智

我突然聽見「砰！」一聲重物落地，只見外公側倒在地，迭聲喊痛。扶起外公時，發現他的身體意外地輕，到了這個時候，我才驚覺到自己已經長大。

怨啊懟啊，已是曾經

初步檢查懷疑外公患了阿茲海默症，醫院表示在確認評估報告及病況後，會盡快通知家屬，或許經由藥物控制，他衰退的情況不會太快。

那時候我們是這樣想的。

然而，隔天就出事了。

時間在中午，我將外公扶回房間午睡後沒多久，正無聊地杵在電腦前時，聽見「砰！」一聲重物落地，暗叫了聲不好，趕到內廳時，只見外公側倒在地，迭聲喊痛。這一摔，不曉得傷到了哪?!

我扶起外公時，檢查了他全身，沒有外傷，然而左手臂似乎有些骨折，稍微碰到就喊痛，逼出他一身冷汗，帶著股油膩的髮味。由於當時家中只剩我和一輛機車，但衡量外公的狀況不適合乘坐機車，我只得將他搬上床稍作休憩。

外公的身體意外得輕。

到了這個時候，我才驚覺到自己已經長大。

並非是指自己已比外公強壯而足以照顧他的事實，那些我早在大學時代便有深刻體驗。然而，過去即使表面上怎麼笑著敷衍，仍掩不住自己對他們的怨懟：外公和外婆，他們改變了我多少選擇，操弄我走過和當初自己所想的完全不同的一條路，用仇恨和單方面偏執的決定，左右了一切。

我還記得拿出甄試的家長同意書那個晚上，我被外婆罰跪在廳前，外公看她離開後，搖搖頭，要我別管外婆怎麼說。可隔天早上，睡不踏實的我假寐在床，聽見鄰廳傳來外公和外婆的對話。

「你絕對想不到昨天離開後，那個孩子是怎麼說你的。」外公說道，「難聽到我沒辦法說出口。我絕對不會允許他這樣自作主張。中文系出來要做什麼？他以為自己這條命是誰給的？」

然而，現在我只是了然，過往的畫面久遠得像隔了一個世紀。我已經沒有怨懟，僅僅是以一個孩子照顧長輩的方式在關懷著他——這個我曾經不齒，曾經暗笑著他的軟弱，暗笑他在任何人面前都要維持住好人形象，轉頭卻又把對你的不屑輕易倒瀉出來的男人。

失去尊嚴的人

緊急照過X光之後，證實是左手臂骨移位，自此，外公的狀況在兩天內一落千丈：先是整日陷入昏睡，未能正常進食、排泄，清醒後竟連行動能力也失去，簡單的一個起身動作也無法完成。

我們一家三口成為二十四小時的照護人員，舉凡外公要起身、躺下，必須一手撐起他整個人；要小解時，他甚至連脫褲子的簡單動作也做不到，只能由我們脫下他的外褲和內褲，拿尿桶直接抵著龜頭等上五到十來分。往往只為了協助他坐起來，就得折騰上一個半小時。

如果是完全失智也就算了，這種毫無隱私的情況讓外公十分沮喪，進而拒絕讓我們照料。其實何止是他，單單兩天下來，我們身心所承受的都已太疲累，卻始終搞不清他的健康怎麼會在一夕之間風雲變色。

隨時間流逝，我們對外公的耐心逐漸耗盡，彼此的關係越發僵化，在經營生意的情況下，也很難有人可以專注照料外公的每個需求。我們甚至思考過療養中心是否更適合現在的他，卻又心想著等待十二月醫院的結果出爐後再評估。

我們一家三口輪流照料著外公，眼看他的狀況一天比一天更糟，到後來幾乎無法自主進食，情緒也開始像個嬰孩一樣，不斷以摔東西和咿呀含糊的抽泣聲音，表達動作不能自主的難過，卻只能等待醫療資源的介入。

每天下午，我和妹妹會帶外公到附近散步，牽著他一步步很緩慢地走著。妹妹總是不斷找話題和外公互動，雖然他總回報一臉傻笑，或是少少的兩、三個詞彙。

「讀書。」外公拉著我的手，吃力地說。

「什麼讀書？喔我知道，你是叫哥哥要繼續讀書？」妹妹回道。

外公點了點頭，眼神裡充滿殷殷期盼，然而那期望對我而言卻是必須跨越許多家庭中的糾葛，才能放手去追求的，因此無言以對。

「那你要很健康啊，才能夠看到哥哥回去讀書，對不對？所以你要努力把飯吃光，然後要每天出來運動，懂不懂？」

「有啦。」外公簡單地說。那便是我們之間最良好的溝通了。

我後來一直記得，外公在幾乎遺忘了一切之際，仍對我未完成的學業念茲在茲著。

外公想這樣活著嗎？

十一月底，我北上參加軍中學長的婚禮，大約傍晚五點左右回到家中，母親和友人坐在客廳，卻不是平時閒聊的神情。

「怎麼了？」我問。

「你阿公今天早上又『起㪐』，摔在地上，我怎麼搬他都不肯起來，」母親說，「我想我們真的沒辦法這樣照顧他，太危險了，不知道哪天會發生什麼事。我聯絡了醫院，剛好阿姨的婆婆之前住過醫院的安養院，她說那邊的環境還不錯。我已經跟護士聯絡了，等一下他們就會來帶阿公。」

我先是愣了一下：怎麼好像總是如此，總是在我還沒習慣時，生活就又轉了個彎？可當我想起這一陣子和外公相處的困難，與彼此消磨著情感的狀況，卻又清楚他處在那樣不快樂、甚至感到羞恥的狀況，我們卻因為生活而只能夠利用有限的時間去照料外公，母親有時帶外公上廁所時心一急，便只能像訓斥小孩一樣的要阿公把褲子脫下，問他知不知道馬桶怎麼用……生活上諸多大小事件都讓我不得不同意，我們一家在這樣的狀況下只有不斷耗損。

我只能同意母親的決定。

「好啊。好像只能這樣了，對阿公、對我們，都比較好。」

「醫院午晚都有開放時間，我們以後每天再帶些禮物去看阿公。」

「嗯。」

就這樣，外公進了醫院附設的安養中心。

我後來在想，外公在生命最後幾年那樣頻繁地進出醫院，而每一次都能夠努力地堅持下來，其實是一件多不容易的事啊。

我們每天到醫院探望外公。雖然安養中心設置了一些公共區域，外籍看護會定時推著老人家四處走走，但活動的空間畢竟很小，也沒有什麼隱私可言。外公看到我們，有時仍然認不出人；有時認出來了，想爬起身和我們說話卻沒有力氣。我心驚地攙扶他坐起身，幾乎像是在抱一副披著皮的骷髏，外公鬆弛的皮膚下幾乎感覺不到肌肉，而那眼神……我再一次感覺到外公當時做完心臟手術時的空洞。

或許，他也經歷過祖輩衰老吧。那麼，他曾經想像過自己的生活會像如今這樣嗎？他想這樣活著嗎？

我為他的狀態感到難過，卻也只能無能為力地交給專業的護理人員日夜照顧，維持著每天探望的行程。

外公

我曾在背後嘲諷外公的軟弱，
愛啊恨啊都不敢說明白，
他走的那一刻，我卻發現自己全心全意地愛他，
他是我的外公，同時也是我的父親，
他的離開，讓我從此曉得自己和家庭切不開的關係……

曲終

雖然曾經狠狠傷過彼此，曾經想遠遠離開這一切不快樂和仇恨，但我心裡有個角落知道，我們彼此始終是愛著的，不管以什麼樣的方式。我們是一家人。

再一次，牽起外公的手

外公在安養中心的日子並不長久，不到一個月就傳出呼吸道感染而罹患肺炎的消息。每一天我們去看他，總是感覺到他的身體狀況每況愈下，到了後來幾乎一直呈現昏迷狀態。

最後在十二月三十一日，醫師在昏迷的外公面前，詢問我們家屬關於積極治療的意願。

「如果不幫他插管，恐怕撐不過這兩天了。」醫師這樣說。

醫師並未多加說明插管的必要性或插管後是否可能拔除、復原，那句告知彷彿只是例行公事，在「插管活一週，不插管活兩天」的顯而易見選擇裡，挑一個罷了。可是對我們而言，「插管」這個決定是否會讓外公更痛苦，此後，他是否得靠著這些管線才能生存……這些都是不確定的，何況醫師就在病榻旁告知我們這個消息，像是躺在床上的外公對這一切都渾然未知一樣，這一切都讓我覺得憤怒，卻又不知道要往哪裡發洩。

母親依然堅持著不氣切、不插管的決定，只是那最後一程，好沉重。當我們做出決定時，醫師的反應就像是我們親手扼殺了外公那樣。

當天下午，外公的情況隨即轉差，醫護人員裝上了心電圖，於是生命變成儀器上一條震顫的綠色線，在高低峰間盤旋，生死之間不斷擺盪，我們幾乎都要相信奇蹟將出現，外公會度過今天、明天，和度過往後的日子了。過了今天就是新的一年、新的開始，而我們會以全新的姿態互相擁抱。

晚上十一點半，我們準備從病榻旁離開，外公身上的醫療儀器忽然鈴聲大作，我們知道，是最後的時刻了。醫療人員無法做些什麼，只能暗示我們一一向外公道別。

於是我們全家人，再一次，牽起外公的手。

他手上的點滴已經拔去，我感覺那手掌比過去任何時候都要軟薄。在我的印象中，外公的手不是粗糙得像握了一把木柴在手心嗎？可死亡好像把那些尖銳都磨平了，握著那手，我終於才能說出愛，說出那些我曾經令人失望而不敢開口的承諾。

我想啊，雖然曾經那樣狠狠地傷過彼此，曾經想遠遠離開這一切不快樂和仇恨，但我心裡有個角落知道，我們彼此始終是愛著的，不管以什麼樣的方式。

我永遠也不必害怕會被這個家裡的任何一個人背棄，即使我們曾經多麼張牙舞爪地傷害了彼此。我們是一家人，無論苦樂，不計悲傷，只要認定了彼此同屬在一個家庭裡，我們就能將彼此聯繫起來。

失去了才懂得珍惜，用自己的方式

十一點四十五分，外公的眼瞼仍然緊閉著，心電圖上的線條從微弱的起伏歸於平靜，聽著警示聲，我們都知道外公走了。

禮儀公司將外公的身軀推上一台猶如救護車的廂型車內。我和表弟上了車，方才的兩人坐在駕駛座前，錄音帶一放，播放起佛教的咒樂。

外公離世後不久，我離開家，在台北工作了一年左右的時間，然後考上了東吳大學心理系，過著打工兼學生的生活，二年級時接了營隊的幹部職。我始終充實地過著生活，好像擔心一旦放鬆下來，憂鬱會不知從何出現，再次攫住我一樣。

但是慢慢地，那些害怕自己融不進生活、無法負荷挑戰的擔憂，終究逐漸被熨平了。就在這日漸重拾的平靜中，某晚，我突然想起外公，想到自己終於離家的決定，於是動筆寫下這些話，給外公，給自己……

有時候人真的荒謬得可笑，後來想起你時那麼掏心掏肺地哭，可是從你走的那一刻起，我卻一滴眼淚都沒辦法掉。

禮儀公司的人很快便到了你的病床旁，用黃布把你包起來，我依稀記得自己還捧著你的臉，上了車，一路喃喃著：「阿公，過橋喔。」「阿公，等一下右轉喔。」就像小時候你照料我那樣。禮儀公司的人把你送到臨時靈堂，我們跪著爬到你的身軀前，他們說不要哭，眼淚別滴到你身上，我卻早已沒有任何情緒，像是眼淚在那一刻起，就從心裡最幽微的角落被全數抽乾了一樣，我只是摸了你的酒糟鼻，軟軟的，卻沒有任何溫度。然後他們蓋棺，讓你睡在廳後。那個晚上我們回到住處後，幾乎每個人都沒有太大的情緒起伏，卻在半夜裡不約而同地感覺到樓梯傳來腳步聲。隔天早上，外婆說水龍頭被打開了。是你回來了？還是我們始終一廂情願地盼望？

我們之間是那樣複雜。曾經，我在背後嘲諷著你的軟弱和偽善，憤恨地想著你就是個牆頭草，愛啊恨啊都不敢說明白。然而那一刻，我發現自己全心全意地愛你，從懂事以來，在我身邊照料著、做為一個男性楷模帶領著我摸索自己的，就只有你啊。你是我的外公，卻同時也是我的父親，雖然我總是不以為然地認為自己和你沒半分相像，可是我愛你，你連離開都帶給我那樣豐厚的禮物，我從此曉得自己和家庭切不開的關係……

我只在最後那一天掉下淚，而且只有一點點喔，我們看著你被送進焚化爐，火舌把你一下吞沒，燃起那麼高的火焰，彷彿一朵朵火蓮盛開，「如果能這樣把你送到天上就好了。」那時候我想。

這一切來得好快，在你到了療養院後期，我其實半逃避著不那麼常去探望，家人大概也曉得，但我只是沒辦法啊，當我將你從床上撐起來的時候，手指碰到你的背部，那樣的觸感我到今天還忘不掉。怎麼會瘦成這樣呢？那彷彿只剩下一層皮膚依附在骨架之上，只是輕輕抱起你而已啊，為什麼感覺就要散掉了一樣，而你的眼神那樣混濁，看著我們那樣陌生，有時好似認得出我們，有時又在那空洞的眼神深處閃過一絲陌生和惶恐。那不是你吧，不是你想展露在這個世界的模樣，對不對？我始終記得即使退休了，你談到自己教過的學生還是那樣驕傲，當我們做功課的時候，你急著想證明自己曾經是個老師的身分，不斷地希望我們問問題。溫文儒雅，從容不迫，這才是你想讓我們看到的你，對嗎？

我想著這些，抱著你的骨灰罈子，以長孫的身分送你入塔，那個時候的我還那樣遲疑，長久以來生活磨損得太多，已經不去想其他的那些了，曾經的夢啊、未完成的什麼，似乎都在幾光年以外那麼遠的距離。可是送你離開那一刻，我忽然很想回頭一一拾起那些：未完成的學業、不曾實現的夢想和那些想愛卻不敢愛的家人。你的死亡不知怎地讓我牽起了這一切，像一只風箏，我決定遠颺，卻始終了解在身後有著一條繩子，牽著家庭，和那些曾經矛盾著膽怯忐忑或是無以接受的愛……

你走後的幾個月，我在夢中見著你，跟著我的新生活一起，我說：「阿公，你不是走了嗎？」你只是笑，於是夢醒後我說，啊，阿公果然還沒死呢，那些有關葬禮的一切果然只是夢啊，我不是帶著我新的朋友、新的生活讓阿公看過了嗎？我分不清現實那條界線，只能在一次次深呼吸後感受著自己的心跳，再次入睡。

當我不再夢見你的時候，我把不愉快的工作辭了，半念書、半度假地考上了東吳，考回了心理系。然後呢？然後我也不知道會怎樣喔，也許我的旅程還沒走完，也許還要個幾年，可是當我回到家的時候會是豐收的，是再沒有遺憾的。

我一次次很努力地完成了那些夢了，用自己的方式，也許有些莽撞、有點直接，有時候可能繞了遠路，但我依舊會是我。然後我會在你面前深深地供上一炷香，我曉得你一直照護著。

此刻我只是想，因為失去了，才讓我懂得怎麼樣好好地珍惜，用自己的方式。

第八章 幸福路上

憂鬱的後遺症

我多想證明自己不同了，所以用盡全力應付生活：課業保持前三名，團體報告力求獨力完成。卻在一夕之間從眾人簇擁的幹部，成了大家閃避的對象。

憂鬱症

退學，曾是我最難以面對的過去。直到後來，我才慢慢了解，從憂鬱到被退學的過程，並非僅僅是生命的挫折，在那之中，承載著太多個人難以承受的重量。

重回心理系念書後，課程裡描述的憂鬱症症狀使我回顧起那段日子：長期失眠，失去食欲，失去目標，存在失去了價值，不斷抵抗著死亡的衝動，失去基本的社交能力和日常自理能力……我無力控制任何一件事，像只陀螺迴轉著，不曉得自己的未來，只知道所有我曾經期望的，都在旋轉中離我愈來愈遠。

「憂鬱症」給了我一個身分，曾令我如此痛苦的那些不過是病症的結果，是因為大腦裡的神經有些問題使人快樂不起來，而非我無力去尋找快樂。於是，我可以清楚地劃分「過去那時患有憂鬱症的自己」與「現在不斷汲取知識，想重尋方向的自己」。

這樣的分類，在一定程度上使我有立場面對過去被指責「沒有目標」、「太過脆弱、易感」的罪名。

可同時，病症也理所當然地成了一把保護傘，讓我免於去辯證當時自己究竟是被什麼樣的力道，擠壓成那樣畏縮的樣貌。

什麼是正常？什麼是不正常？

或許如今對我而言，「正常」還是不存在。

憂鬱症的後遺症仍慢慢發酵，每當負面情緒在身上蔓延，我便恐慌著憂鬱是否又要重新掐住我頸脖，讓我下一刻就掉回那個在房間裡獨自面對無邊黑暗的狀態。於是我將每天行程塞滿得一個小時都停不下來，深怕某個無法控制的因素突如其來，自己便會回到憂鬱的狀態。

我多想證明自己已然不同了，所以用盡全力應付生活：課業上保持前三名；團體報告力求獨力完成；在零售業倉儲打工時，每天努力將貨架清空，研究商品在架上擺放最容易銷售的位置，我負責的品項，常年在全省連鎖店裡維持銷售第一和過期淘汰率最低的紀錄；後來又接下營隊幹部的職務……我無法讓自己有一刻空檔，當時共事的同學、工作夥伴都因此承受了莫大壓力。

大三時，在課堂中幾乎沒有肯與我合作的同學，一夕之間，我從眾人簇擁的營隊幹部成了大家避之唯恐不及的對象。這對於從小人際圓滑的我來說無疑是個打擊。

我知道是時候面對憂鬱、面對自己了。於是我開始寫下這一切。

回看憂鬱之源

一開始的書寫仍然圍繞著「憂鬱」。在「憂鬱症」這把大傘下，我才能對自己退學的過去釋懷：必定是哪裡出了問題，才會讓我如此不負責任吧？

於是，我細數自己在家庭裡受的傷害，以及自己一次次被拋擲到命運之中的無奈，我只能比別人多用上好幾倍的力氣，卻始終無法被世界接受。

可是一次次地在與老師的討論中，我逐漸意識到自己的行動：我不只是被動地被拋進風暴中心，而是依照自身的意識試圖去照護家庭，無論改變的希望有多麼渺茫，我都想要盡自己的能力讓家中的每一分子過得更好。

現在回頭看那憂鬱的源頭，除了面臨家庭重組的挑戰之外，更重要的是：我是如何將家庭的擔子背到自己身上的？我在家庭結構當中不是孩子的角色嗎？為什麼會主動認為自己在家庭重組的過程中，必須要出一份力？

過去，我總將「贖罪」當作自己投身家庭的理由，然而或許更重要的原因是，我是以一個家庭的長子、家族的長孫被期待著長大的，從小背負「光宗耀祖」的使命，父母離異後，更擔負上「不能讓父親看不起」的期待，以及成為二舅「義子」身分後需要撐起傳宗接代的責任。

周遭的人對我抱持著如此沉重的期許，盼我有「擔當」，但是對我而言，成為男人卻是令我無比掙扎的事。

父親不負責任地出走，母親工作時被男性撥弄的輕佻，外婆對男性的輕視及她在教育上極度逃避「性」議題的態度，在在影響我對自己身為男性的焦慮，『不想成為像父親一般的男人」這個念頭更時時縈繞在心。

可是升上大學後，這個事實卻恰恰挑戳著這痛處，我愈是為自己的狀況自責，距離父親的形象卻愈近，肩上的重量也愈重，最終壓得我難以爬行。

直到我看清了自己抗拒的是在文化塑造下，父權結構的扭曲，才終於清楚那些重量是如何被擺到我肩上的——

父親的悲哀

中華文化中「士大夫」的傳統，提供了男性在汲取知識後，所處的社會階級產生流動的一種可能性。藉由這套制度，我們訂立了九品官階、區隔出士農工商，而在如此塑造的過程中，男性被教育成只能不斷競爭以獲得社會權力的加冕，成為居高臨下的王者。

只不過，王者坐擁自己所打下的天下，同時卻因為肩負的責任而無法喊痛，不允許被表達有壓力，因為如果當家的不勇敢，家庭要怎麼支撐下去？

於是「悲情」成了台灣男性的象徵，男性壓抑的內在只能潰爛內傷，甚至不被鼓勵去覺知自己背負著的責任，究竟只是依循傳統和社會期望扮演的角色，或是自己真正想望的生活方式。

於是我看見父親試圖脫穎而出，逃出原來的階層。而他也的確做到了，年紀輕輕便當上私人企業的區經理，兒女、妻子都像是社會價值所描繪的理想圖像。然而，這樣一個自覺的「長男」，真的甘於成為支撐家庭的中流砥柱嗎？又或者是不得不成為強悍的公雞，昂著頭，每天清晨自覺地啼叫著要大家都謹守本分而工作著？

也許，只是也許，在那個當下，他忽然回頭看見自己胸口的空洞苦悶，又或者只是出於男性圖像中征服的欲望，於是邂逅辦公室裡同樣自信、強悍的女人。誰曉得呢？

無論是怎樣的原因，結果在我看來都一樣悲哀：他不過是制度下的祭品，甚至不認識自己，只是窮怕了、被指手劃腳怕了，不斷用盡力氣往上爬，卻忘了把自己的心給一併帶上。

原來我是因為害怕……

「如果不用憂鬱這個字眼，你會怎麼形容自己當時的狀態？」曾經有老師問我。

我一愣，是啊，所謂的「憂鬱」，指的究竟是什麼？

如果重新回到當時，我所感受到的有更多是因無法滿足別人的期待而來的苦悶。周遭有那麼多眼睛、嘴巴和手指在盯著、說著、指著，期望我如同燦爛的煙火一樣盛大綻放，但我卻不斷讓他們失望。我奮力想逃離，卻又厭惡自己逃跑的模樣與父親離家的身影不斷重疊著……

「害怕吧。」我說，「我不想成為自己厭惡的那種男人，可是又害怕達不到別人的期待。如果達不到期待，那麼我就沒辦法為自己、為別人負責……」

「那其實很清楚啊，」老師說道，「你從小時候就一直害怕，害怕你爸爸的眼光，連穿個短褲都擔心會被他討厭，又怕爸媽的離婚是你造成的。慢慢長大有了一些力量，做了些行動，你覺得你怕夠了、被指手劃腳得夠了，所以你現在想要發聲，用行動去證明你可以擁有自己的聲音。」

是啊，我的行動其實是想創造一條道路，不用被父權意識下的角色綁架，不必為了攀爬權力而汲汲營營、進退維谷，不斷逃離他人的期望，卻又期望以自己的方式獲得他人的認可，於是更急著要成就一些痕跡。

我將這樣的「害怕」跟著那段「憂鬱」的日子一起埋葬，包裝積極、正面的形象，只能將低落、孤單和害怕轉作憤怒。

我怎能承認自己害怕呢？那無異是表示自己從未克服憂鬱、從未確認方向，卻因此蹉跎了家中本就不多的資源。

我逃離男性的窠臼，卻仍陷在成就的階梯上，直到現在才終於能夠承認：我始終是那個惶恐的男孩，但是慢慢地，我不只害怕他人的評價或感受，我開始有自己想做的事、想探索的目標。

我仍然容易擔憂、驚慌，只因為對所擁有的一切如此在乎。那促使我不斷回頭檢視自我，並且嘗試在自我與他人之間，達到平衡。

走向自己的完整

認回恐懼，認回自己不那麼堅強，有時可能軟弱、可能無法背負所有的一切，反而使我更加完整。

我不需要刻意創造豐功偉業，也不需要以什麼成就示人。

我可以忍受對自我的探索，不需掩飾當中的害怕、遲疑。

我可以承認自己有著許多限制，有時也需要其他人的幫忙。

我可以只要是我自己，但與此同時，我也愛著身邊的一切，所以我努力付出，那與性別或身為男性的責任無關，僅僅因為在早年的匱乏裡學習到：

愛其實得來不易，所以我更曉得如何珍惜。

幸福的樣子

這個社會鼓勵著追尋快樂，好似不積極正面地笑著過生活，就不算活著，有時那會讓我們質疑憂鬱的生活有沒有出口。可是，生命真的只是歡笑才有意義嗎？

問題，不僅是問題

回顧憂鬱的過程讓我開始思考，所謂「心理健康」究竟應該如何看待，而所謂的「創傷」，或是人與人之間「界限」的議題，又要怎麼理解。

身為心理師，我清楚過去心理健康議題受輕視和遭汙名的程度，在心理適應上出狀況彷彿是不能說的祕密，因為有被視為「瘋子」、「玻璃心」、「沒有抗壓性」的風險，好似有情緒狀況便是時間太多、愛胡思亂想的結果。在校園裡，輔導室幾乎是學生們最難踏進的地點。

於是，我們不斷推廣和去除心理疾病被汙名的狀況，試圖證明心理疾病的確是因在神經系統中產生問題，是生理上的影響，而非僅僅是當事人自己空想。那確實是重要的，但與此同時，將生理上的異常歸因為心理疾病的成因，有時也使我們失去了機會理解那個疾病所含的意義。

我們每個個體的存在，都承載著整個社會、文化和價值觀，藉以形成對自我的認知與意義。心理疾病的出現，通常便代表著某個社會價值的論述在我們身上發生了些「問題」，而在因應問題的過程中，我們不斷擺盪於社會價值與自我之間，拉扯、劃開了一道口子。

一開始，或許我們將之視為「家醜」而忍耐、噤聲，不斷試圖接近社會所規範的樣貌，直到用盡力氣，才發現可能永遠無法成為社會期望的樣子——或許是我們家庭的樣貌，或許是性傾向，或許是那些被規定出的功成名就的生活……那些不符合期望的部分附在我們身上，擠壓出難以處理卻又令人痛苦不堪的「問題」，例如憂鬱，例如輟學，例如犯罪。

然而，若我們直視這些「問題」，經常會發現這些看似適應不良的反應，其實蘊含著不同意義。就如同我的輟學，其實是在被擠壓出的憂鬱中，面臨了一連串家庭變故，而我在其中費盡力氣，不斷地挑戰、重整，即使再疲累不堪，也要撐出讓家庭得以呼吸的空間。

問題不僅是問題，它隱含著自我在面對生活的挑戰時，仍苦苦堅持而在意的部分，是一個人在掙扎之中，仍然為了某些價值而生出的力量與韌性。當我們能夠更好地承接痛苦，生命也許能因此鋪墊得更厚實。

也是「韌性」這個觀點，讓我不需區分生命中有哪些潛在的危險，不必「濃縮」出哪些可能變好的因子。我不必為了表現對於生活適應良好而刻意正向，也不必勉強快樂——這些本都是生命的一部分，當我們刻意追求著正面與快樂的愉悅，也同時表示負面和憂鬱是危險的、必須避免的。

我們懼怕著這些負面情緒，正是因為擔心那可能將我們的生活搞砸，所以必須維持正面的思考。

韌性的力量

我想起與學妹的一次談話。

大一時歷經母親癌症過世打擊的她，勉力讓自己在新生活裡過得更精采，那是她回應母親的方式。但她也因此疲累不堪，最後在營隊裡崩潰：當自己的內在為了不敢掉淚，而荒蕪地捨棄掉所有感受，又怎麼能強顏歡笑地再帶給別人歡樂？

於是，我們在營隊幹部的牽線下認識，彼此或攙或扶地過了大學四年。

她在畢業後開始服務癌症病患，卻因為長期接觸死亡，那些生命存在的議題引發她內在孤獨的共鳴。

一天，酒過三巡後，她提議到校園走走，艱難無比地提起了自己近來的狀態，和她想尋死的念頭。

「我不知道自己是不是還應該活著。」

「什麼意思？」我問。

「像我這樣充滿了悲傷，甚至有時渴望死亡的人，真的可以活著嗎？」

「是什麼讓你覺得不行？」我停了半晌。「我想不起來自己是從什麼時候開始停止尋死的念頭了，也沒有辦法保證這一切可以度過。可是，就算這樣，為什麼你不能活著？」

沒有回應。我知道這問題本沒有答案，生或死都是極其個人的決定和價值。我繼續說下去。

「我最近看了一本書，西呂尼克的《心理韌性的力量》，」西呂尼克（Boris Cyrulnik）是法國著名的心理醫師。「對書裡的一句話很有印象，雖然我不確定作者的原意。他說，韌性的力量和追尋幸福的力量是不同的。」

「什麼意思？」她問。

「也許我們對生活都太過要求了吧。」我說，「這個社會鼓勵著追尋快樂，好似不積極正面地笑著過生活，就不算活著。有時候，那會讓我們質疑自己這樣活著有什麼樣的意義，這樣憂鬱的生活有沒有一個出口。可是，生命真的只是歡笑才有意義嗎？」

她輕輕搖了頭。

「你從媽媽過世的傷口一路走來，多想替補她的位置維繫整個家，多想用你的方式讓她放心，讓她能夠以你這個女兒為傲。你犧牲了自己的生活，讓媽媽活在你體內，去彌補當時沒能完成她心願的遺憾。你這麼努力地走來，如此艱辛，如此不斷勉力著往前匍匐，這樣活著不真實嗎？」

我繼續說：

「也許暫時沒有辦法去想像自己的幸福喔，也許要等到終有一天你放過自己，終於能不帶重量地背著媽媽一起過活，才能夠去追尋自己的幸福吧。可是即使是這樣，你不也是用盡每一分力氣在過生活嗎？或許和想像中活著的樣貌不一樣吧，但是為了活著，每一天你都用盡力氣，每一口呼吸都在呼喊著你要完成那些對媽媽的承諾，我想不到有什麼方式比這樣活著更真實了。對我來說，那就是韌性的力量。」

完全接納自我

如果說我的生命經驗帶給了自己什麼，那或許便是：

相信生命的每一件事都以自己的方式，在教會我們什麼。

我們能夠接受自己的有限，坦承自己偶爾脆弱、難過，並且不將其視作「應當矯正」的情緒。能夠接受所有的情感與經驗而不加以分割、隔離，即便可能受傷，卻相信經歷的一切，都會使我們成為更柔韌的人。「能夠全然接納自我」這件事本身就有可能帶給我們自癒。

生命的價值從來不只限於要在生長的環境鋪上豐饒的沃土。我曉得自己生長在某些人眼中的「惡壞」中，但即便在極端的環境下，仍有植物能在其間存活、開花、繁衍，甚至因而當他人遭磨難時，能提供照顧，那便是生命最令我動容的部分。

標籤不能決定我是誰

直到現在，我才終於能夠承認，
我始終是那個惶恐的男孩，
但是慢慢地，我不再擔心他人的評價或感受，
我有自己想做的事，想探索的目標，
有屬於自己的生活方式。
別人給的標籤，無法決定我是誰。

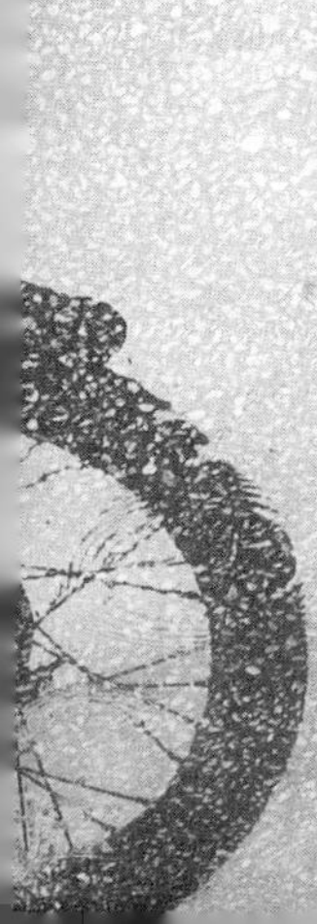

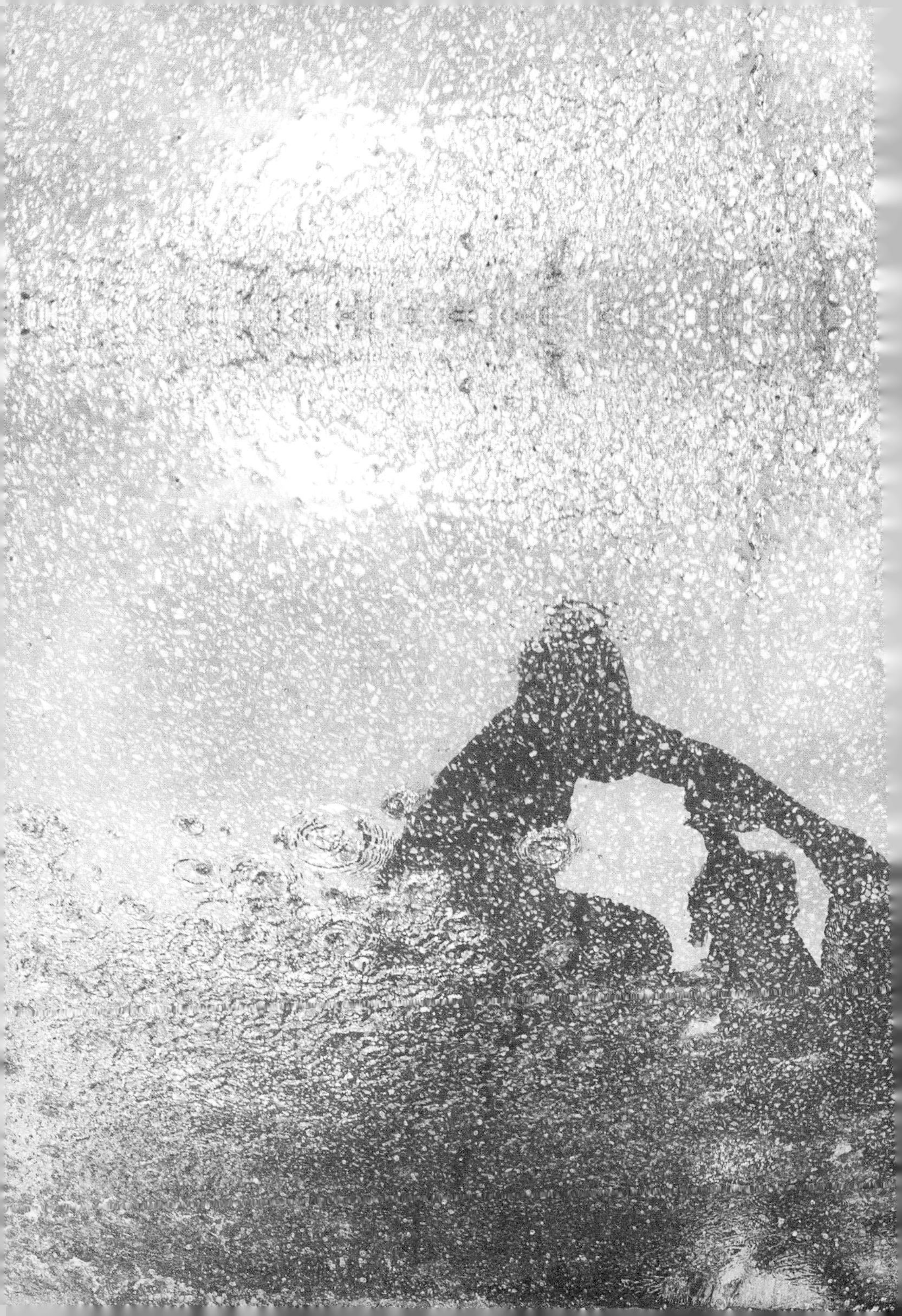

當我終於走過

我在家庭裡曾經痛苦過，可那痛苦同時推動著我成長，也成為一個對他人苦痛有更多想像力的人，那幾乎是我經生命磨練而得到的，最美好的部分。

別人給的標籤，無法決定我是誰

我在心理領域的學習過程裡，不斷地拆解對於家庭的傳統概念，試圖尋找在角色以外，「家庭」裡更基本的互動。

我在一個如此不同的家庭當中成長，然而在重新回首時，卻理解到，家庭結構的不同，並未使我成為一個孤僻、冷漠或是有心理障礙的人。傳統科學工作者不斷研究在他們眼中「出問題」的個體，從中汲取我們與一般人眼中相異的地方，然後將這些「不同」貼上標籤，相信是這些不同，使家庭產生了「病變」，反倒難以估量家庭在因應壓力與改變時所做的努力。

我們太過注意顯而易見的傷口，卻因此看不見更多從傷口當中復原、甚至過得更好的人。

痛苦，推動我成長

重看生命歷程時，我看見自己在資源不足的情況下，仍然不斷前進，為家庭盡可能地付出，爭取實現自我目標的機會，在跌倒後仍然一次次地站起身，堅持著尋找自我。那些使我得以不放棄自己的力量，從何而來？

在這樣的疑問下，我開始親近家庭韌性的概念，提問的不是家庭裡有哪些危險，而是在歷經危機和挑戰時，家庭如何產生新的因應方式去適應，甚至運作得比原來更有彈性。

當家庭處於危機之中，經常會歷經「重組」的過程以因應危機，而在這過程中，家庭如何看待這些壓力，便是適應的關鍵。這些態度經常是時刻變動的，有時某些因應壓力的方式在某個時期有效，在另一個時期看來，又成了家庭或個人發展的阻礙。我們無法將保護嬰兒的態度用以因應孩子離家上大學的挑戰，與其執著於分辨如何避免風險，不如將家庭視為一種動態的歷程：一個家庭在不斷因應環境變化與挑戰的過程中，會逐漸發展出韌性。

就如同我的家庭經歷離婚與隔代教養的挑戰，反倒讓我有機會解構對家庭的想像。我終於可以真實地重看自己身上的痕跡，不只是「缺陷家庭」中的極端值，也不需隱藏任何一段經驗，我可以痛苦，但卻同時痛快地活著。家庭給予的，不一定是正面、溫暖的才有意義，我無法躲避在自己家庭當中努力掙扎的過程，也無意美化，試圖增添一些正面、積極的形象。

我在家庭裡曾經痛苦過，可那痛苦同時也推動著我成長，成為一個足以獨立生活與思考的人，也成為一個對他人苦痛有更多想像力的人。那幾乎是我在生命中經磨練而得到的，最美好的部分。

原來，我一直盡力在把愛找回來？

我還記得是什麼時候放下了對自己近乎嚴苛的自責。

大三下學期，與老師做了一次討論。那時，即便我已經著手進行訪談，開始親近家庭韌性的觀點，但是對於自己曾被退學的事件卻始終過不去。我難以卸下當時虛耗家庭資源的罪惡，生命太重，我還在學習用什麼樣的角度重新愛我的家庭。

在這個時候，老師開了口。

「現在你還覺得被退學是自己的錯嗎？」老師問，「我覺得你應該更正面地去看待它，那個時候你面對了那麼多的壓力，大可以選擇顧好自己的。我們也看過很多這樣子的人啊，有人因為家裡面的紛擾躲到國外去，也有人趕快交了男女朋友從家裡面逃出去，或是把自己埋在書本裡面，藉著階級的翻轉去讓自己跟家庭有所區隔……你如何看待這樣的可能？」

我想像自己放下家庭、專注於自己的模樣——不，完全無法想像。即便不再感覺對家庭的自責，也不再認為家庭的厄運因我而起，然而，一想到當時在家庭裡掙扎著的家人們……我說：「我……如果那樣子做，我就不是自己了。」

「對！你沒有這樣子做！你選擇了回到你的家裡，去把家庭擔起來！你沒有只顧及自己的需求，那是現在這個社會鼓勵的，但你沒有這樣做，你選擇了『利他』。」老師說。

「但那個決定，我並不覺得出發點是真的『利他』無私的。」我心虛地說，「我覺得那樣的決定，是為了彌補自己小時候在家庭中感受到的自責……」

大概就在那個時刻，我才看見自己在家庭中的行動——那樣地投身，需要多少的力氣在背後推動！

在想著自己從小所感受到的「自責」時，赫然理解我口中所謂的自責，源自於我對家庭的責任。然而，為什麼我如此在意自己的責任？那好像便是我和父親最大的差別了。正因為在意，相信家庭中蘊含了愛，而且願意盡力把那些愛找回來，所以我能夠存在於這個位置上，並堅持身為家庭的一分子。

「所以老師，是不是在我決定回到家裡，償還那些想像中虧欠家庭的一切開始，家庭所帶給我的韌性，在那一刻就開始運作了？」我問。

不需要任何回應，我心裡很明白。

穿越惡土家庭成長的我

好像是這樣，我從如此不同的家庭走來，所經歷的一切，使我的感受比別人更深刻；而當自己終於走過，便無法對經受著相同處境的任何一個存在視若無睹。

我行動的理由並非想去救贖或補償什麼，而是發現到在那些看似艱難的環境下，隱藏著多少未被表達和看見的愛，而我想盡一點棉薄之力，引領著這些人看見生命中的美好。

或許就如同家族治療專家華許博士（Froma Walsh）在《家族再生——逆境中的家庭韌力與療癒》一書中所說的：

關於韌性的一項弔詭之處是，最糟的時刻也可能引出我們最好的一面。厄運與痛苦的經驗可能激發藝術上的創造力，也可能喚醒家庭成員了解到親人的重要性，或促使他們彌補舊傷、重新安排生活中的輕重緩急、尋求更有意義的人際關係與生命目標。他們可能在經歷毀滅一切的危機之後，覺得人生更有意義，也更能同情別人的不幸。這種經驗也可能激發一個人積極參與改造社會，希望讓別人免於同樣的痛苦，甚至可能讓一個人終身投入助人工作或致力於爭取社會正義。

而我還在實踐的路上。

附錄

自己，就是自己的家

家，不停轉動

我心中有個角落存疑著：什麼樣的父母才能讓孩子不受傷？勞工階層父母如此忙碌，難道就只會醞釀出悲劇嗎？那似乎又和我所經歷到、看到的不那麼相同。

每一分快樂，都伴隨罪惡感

重回心理系時，即便有著無法融入課程與群體的過往陰影，但我在開學前便找好打工的工作，心想以存款加上每個月兩萬元左右的收入，應該可以撐過四年。一學期修二十五個學分加上每天課後的工作，為的是害怕憂鬱有機可乘，但很快地，對課程的興趣消弭了我的這些擔心，即使偶爾有些空暇，也總能盡快找別的事情將那些填滿。

不過，我仍然免不了將自己視為家庭災厄的倖存者，生活中的每一分快樂都伴隨著罪惡感。

「只要確認苦難不會將我打倒，即便幸福與我無關，自己仍然可以活著，那就夠了。」這樣的想法不斷縈繞心頭。花了這麼多時間和金錢，到了現在還能任性地回到校園裡，我還要求什麼呢？只能用盡每一分力氣，對得來不易的這一點點幸運加以回報。

從精神分析角度，看所謂「家庭」

再次回到學校，為了找尋自己「助人」工作的模式，佛洛伊德成了我關注的第一站。

佛洛伊德所發展的精神分析學說在二十世紀初受到重視，強調生命前六年的經驗便是往後人格據以發展的基礎，此時若孩童的需求無法適度得到滿足，性格發展便可能因此受到影響。影響多深遠？大概就像佛洛伊德本身一樣，晚年為抽菸習慣導致的下顎癌所苦，動了無數次手術，或有著一絲不苟的潔癖，卻又在診療室裡儲滿收藏品到了幾乎找不到地方站的地步。

從精神分析的角度來看，成人是否會蒙受心理疾病折磨，關鍵都在於每個人尚未自主而仰賴照顧者滿足其需求的幼年：誰能夠提供食物滿足口腔期的欲望？誰能訓練孩子在肛門期掌握排泄的自主性快感？又是誰能協助孩子度過「伊底帕斯情結」，重新認同同性父母？這些似乎都是家庭發揮的「必要」功能。而承襲精神分析，二十世紀哲學大師佛洛姆（Erich Fromm）在著作《愛的藝術》（*The Art of Loving*）中，將父母的愛依照性別做了區分。他描述：母愛是一種無條件的愛，是生命最初的家鄉；而父愛則是一種代表著法律、秩序的有條件的愛，是透過教育和紀律而贏得的愛，與經濟與威權息息相關。

第二次世界大戰後，英國發展心理學家鮑比（John Bowlby）關注戰後的孤兒議題，發展出「依附理論」，認為初生的嬰兒必須依附於照顧者，也因此嬰兒與照顧者的關係可能造成一個人在性格上的長遠影響，而後的客體關係進一步分析了，孩童與母親之間要如何維持「健康」關係的重要性。

這一切研究顯示了孩童有一個安全的環境是多麼重要，而為了讓孩童平安地成長，母愛的重要性便因此被放大，甚至備受推崇。這種母性的愛，需要關注他人的感受，需要在付出中得到快樂，需要願意犧牲自我需求。母愛，代表著無條件地接納與包容，要收放自如地在兒童需要獨立時適度放手，才能使兒童在成長過程中，順利與母親分離。

從精神分析的角度，自然可以輕易給出「專家」的建議，將個人的心理健康議題與早年經驗連結，而得到照顧者品質之重要性的警示。「家庭」做為社會構成的基本單位，提供的功能舉足輕重，與嬰孩曾經臍帶相連的母親成了照顧者的首選，社會賦予女性的角色論述，更毫不猶豫地將母親推回家中，成為帶小孩的不二人選。

在所謂專家的眼中，母愛似乎本就收放自如，彷彿身為母親後，女人的天性便會將自我的感受抹消，而全心全意為孩童的成長奉獻。存在於家人之間的愛本來是在相處間培養、在互動間自然流露，但在心理治療的闡釋下，母愛更像是一種競賽，以下一代是否健全做為指標。

家庭的傷口，無法簡單定義

歷史和意識型態對於家庭概念的影響，在我學習的過程當中自然是隱去不談的，那使我始終帶著一種異樣感。築基於臨床經驗的理論看來如此令人信服，也貼近了許多孩子——包括部分的我——在家庭中的經驗，但始終無法完全令我信服。

我心中有個角落存疑著：孩子真的只是環境下的被動者，只能夠等著家庭在自己身上的力道發酵嗎？什麼樣的父母才能讓孩子不受傷？過去在工作中看到的勞工階層父母如此忙碌，難道就只會醞釀出一家又一家的悲劇嗎？那似乎又和我所經歷到、看到的不那麼相同。

整個心理學對於家庭功能的論述，與我過去接觸的家庭，差異太過巨大，甚至難以填進多數家庭當中的互動，導致了學生圈內普遍有對自我家庭「不夠完美」的焦慮；在研究報告中，也充斥著對雙薪家庭、隔代教養、單親家庭等形式與「一夫一妻樣貌」不同的家庭的疑慮與負面結果。我努力配合學習心理學中的理論，卻越發疑惑：這些理論是讓我們更能適應生活呢？還是離家更遠了？我難以找尋一個能協助這些不同家庭的人去因應他們生活的理論，卻又沒有立場為這些家庭平反。

我心疼的是，這些在學術裡被定義為「失功能」的家庭，其實動用了所有資源想方設法維持著生活，甚至用盡力氣提供資源好讓孩子翻轉位階，可是，當孩子接受教育後，卻發覺以往在家庭當中所經歷的，可能是以愛為名的勒索，可能是上一代將自己無法成就的遺憾加諸於孩子身上的壓力。

我無意否認這些傷口，在那當中也有我曾經遭受過的，然而，將這些傷口直接歸因於照顧者不適任又太過簡單，而忽略了社經地位不同的階級，家庭資源本就不同。若妄想以某個標準框限家庭的功能，終究只是複製了階級意識的壓迫。

「不像單親家庭小孩」的孩子

直到我念大三時，這樣的疑惑與苦悶才總算獲得釐清。當時因為課程的研究，我訪談了三位朋友，其中兩位來自與我一樣的離異家庭，在不同時期面臨了父母離異，另一位參與者則是非婚生子女。

我們都是他人眼中「不健全」家庭裡的孩子，卻也都是他人口中「不像單親家庭小孩」的孩子。

對我而言，這樣的訪談好似又拉開了一點血脈裡的內涵，讓我更堅信自己那略帶叛逆的想法，相信家庭的不同並不一定就會帶來不幸。

家庭，並不是靠著「親職教育」就能完美無缺，「家」這個空間同時受到文化價值的規範，受到社會體制對家庭培養社會中堅的期待，受每個家庭歷史當中對於每個人在角色上的規範，這些對家庭的想像，規訓了每個人如何行動，我如何身為長子、長孫，母親應該是什麼樣的角色——是應該相夫教子或拋頭露面，都與此有關。

我對於「家庭知識」的困境於是得到紓解，理解到家庭不是存在於教科書中的美滿樣板。用以評價家庭或個人適應的所謂「保護因子」與「危險因子」，不過是在某種社會價值底下凝視的角度，這樣的價值往往受到教育程度和經濟地位的侷限，而只收納了少數人的聲音，以及他們對生命的想像。

「缺陷家庭」並不缺陷

我曉得自己在那樣的環境中仍然被愛著，我無法理直氣壯地埋怨自己的家庭，甚至反而為自己生在這個家，擁有了從逆境走來的力氣而小小驕傲。這是為什麼呢？

層層疊疊的「標籤」，曾切割我的生命

在試圖與「家庭」知識對話時，免不了必須面對一個情形：我們對於家庭的認識被切割後再拼裝回去，失去了原本的面貌：

「單親家庭」、「隔代教養」，是對我的家庭結構上的定義與框架。

「性工作者」，是母親身為照顧者對孩子的不利影響。

「情緒勒索」和「毒性教條」，是外婆在教養上綑綁我們的形式。

而輟學、憂鬱，則是這一切負向因子加諸在身上的結果。

在層層疊疊的「標籤」裡，我的生命被切割得血肉模糊，即便我是如何奮力想與此搏鬥，卻始終或多或少受到這些視框所限制，只能不斷以肉身碰撞，在知識與經驗之間擠壓出一點氣力去抨擊，反斥那些平板而片面化的標籤，或是在對自我認定的失敗中掙扎著前行。

父母離婚，必然是危機嗎？

當我談到原生家庭，第一個浮現腦海的便是父母離婚。

尋找文獻時，資料經常指出：離婚使孩子更難得到完整的父愛或母愛，而這些壓力與適應困難若無適當處理，將會影響至青少年期、成年期，造成發展及身心上的困難與不利影響，而其中，學業成就經常被當成指標；或是將家庭背景與犯罪行為做連結統計，顯示離婚家庭的孩童的確較同齡兒童有成就低落、難以規訓的行為問題。

國內外也有許多學者對於離異家庭的兒童進行訪談，把焦點放在：孩童在父母離婚後的心理狀態，包括對家中經濟產生焦慮、需要自我照顧的無奈，以及面對父母雙方在態度與情感關係的壓力等。訪談的結果即便不見得令人悲觀，卻也認為相較於一般家庭，離婚家庭的子女需要更多的時間「長大」——他們一方面要擺脫過去、一方面要創造自己的未來典範，能自離婚家庭中走出來的人，需要有過人的毅力與道德感，因為在父母無法做為模範的情況下，孩子只能自己創造出典範。

除了成長過程的辛苦外，研究也發現：離婚家庭的孩子在人際與親密關係當中經常產生危機。父母離異，要麼使這些孩子在長大後，過早進入一段還不成熟的婚姻；要麼使得他們在面對情感時產生疑慮，父母的離異讓他們無法輕易相信永恆的關係。

然而，父母的離異，是否就是必然的危機？華許在《家族再生》書中寫道，有許多孩童長大後，可能記得離婚及後續變化的痛苦，但是多數在心理與社交上不會有嚴重障礙，也不會比那些父母繼續維持不快樂婚姻的孩童，更難以發展與承諾親密關係。

的確，在生命早期見證父母婚姻的失敗，往往使得離婚家庭的孩子太早失去對永恆愛情的想像，但那並不必然便是負面的結果。孩子在早熟的同時，可能更理解到關係需要付出責任經營，失去了天真的想像，卻更能評估自己的狀態是否合適進入關係。

隔代教養，必然有問題嗎？

經歷離婚事件，的確需要家庭功能與型態重新整合，以因應結構上的改變，但在過程中只要有善意的存在，往往就能使得孩子在這些艱難和疑惑當中，看見希望。

在東方社會中，婚姻破裂時，經常有層緩衝墊能將這些孩子接捧住——祖父母輩的存在，經常是父母離婚後，忙於生計而無心力照顧孩子時的支持力道，只是在研究中，只要家中抽去父、母的存在，三代同堂瞬間就會成為隔代教養的議題，依舊顯示著家庭結構的風險。

「隔代教養」經常被認為因世代差異難以溝通、兩代作息不同難以配合、祖輩在課業上無法提供教養，或是因教養理念不同，而導致子女與父母間的隔閡、衝突等問題。但這樣的論述無論是否符合現況，都不一定會造成孩子在成長過程中，比其他家庭的小孩來得困難。

我所訪談的對象，以及在看守所中遇到的受隔代教養教育的同學，更多時候其實是藉由祖輩所鋪墊的支持網，避免了單親家長因生計問題而無力顧全孩子的無奈。當我們談及父母親缺席是否會造成影響，他們的反應通常是疑惑，不明白問題點在哪，「阿公、阿嬤會照顧啊！」這句話清楚地顯示了，大眾想像中的「缺席」其實早已悄悄由祖輩所填補。

影響孩子自我認知的關鍵因素或許是：孩子自己是否感覺被遺棄，或是否能感受到被生命中的重要他人所照料，以及正面的關係如何被強化。

當然，在我的成長過程中，外婆的教養影響最大的部分，來自她無所不在的控制，以及無盡的咒罵，不時威脅著要把我們趕離開家，並散布對父親的仇恨、捏造父親的種種不是，甚至恐嚇要毒死我們。然而，那是由於隔代教養？是單親家庭中，雙方爭鬥的惡果？又或者是，我們想像著家庭結構的殊異所造成的負面影響，只是源自對「核心家庭」的完美想像？但事實上，無論怎樣的家庭都可能面臨不同的挑戰，都有各自的辛酸。

其實，家庭有很強的重組能力

只不過，家庭結構的「標籤」是實際存在於教育現場的：課本裡描述的家庭，大多是核心家庭或三代同堂；在輔導工作的實務中，也往往在第一時間將單親、新住民家庭、隔代教養等不同家庭型態的孩子，視為風險觀察的重點。

這或許是教育工作的美意，然而，以家庭形式做為標籤分類，其實低估了家庭成員在不同型態的家中，自我調整、進而適應的可能性。與此同時，其實也隱微地傳遞著這樣的概念：某種形式的家庭才能發揮功能。教育成就成了評估的唯一標準，「不愛念書」在某種程度上代表適應不良，並成為孩童是否可以為了更好的未來而短暫忍受痛苦的指標。

然而，這樣的論述忽略了不同「個體」間與不同「階層」間的差異性，就如同我念中正大學時，因老師以英文授課所造成的隔閡：城鄉差距和精英教育資源的差異，使得我從未經驗過英語環境，對於語言的熟悉程度成為我認定自己與同學「有隔閡」的其中一個原因。而同儕間以出國、玩樂，甚至僅是討論最近上映的電影等在經濟穩定基礎上衍生的話題，更使我認知到自己的生活與他人間有多大的鴻溝。

更遑論在底層的生活當中，單單「受教育」就要比其他人花更多的成本。除了龐大的學雜費開銷外，有更多家庭需要孩子投入在工作上，無論是幫忙照顧家中幼小的弟妹、與家人共同投入路邊攤生意以節省人力成本，或是盡早投入某項技術活中擔任學徒，以分擔家計……除了生存的龐大壓力外，生活於底層的人們還得面對主流社會的偏見與標籤，甚至因而影響了對自己的看法。

有太多次，我在看守所談話時遇到的「同學」述說著類似的故事：他們小時候，獨自撫養孩子的母親兼了幾份差，凌晨五點就得和母親一起分頭送報。自己不愛念書，在學校裡也只是和人結黨，國中時就乾脆跟著壞朋友一起出外混。沾染毒品往往是因人際上被孤立的苦悶，或是為了長時間工作而嘗試用安非他命提神；當藥物上癮而影響到生活的正常功能時，只好開始賣毒，養活自己和家人。

他們說自己「沒有念書的天分」，可是從小在家幫忙照顧生計的他們，有多少時間投入功課？他們說自己交到壞朋友，可是他們的生活和其他同學差異那麼大，如果不是同為天涯淪落人，哪裡可以找到理解他們處境的朋友？周遭的人譴責他們販毒危害社會，可是沒有人看見，即便在太過艱難的條件下、即便確實犯了法，他們仍舊用自己唯一知道的方法在試圖照顧著、維繫著家的功能。

社會將這些缺乏資源的人推到了邊緣，還試圖用「一時貪玩」或「缺乏自制」的理由，為他們染毒的人生貼上標籤。

即使受了傷，我們仍願為家付出

當我對家庭的論述停留在是自己亟欲擺脫的逆境時，一方面感受到身為倖存者的僥倖，另一方面卻帶著背棄家庭的罪惡感。

怎麼能不感到罪惡呢？當我學習的知識告訴我，家人所有的舉動都在試圖將我攪進家庭的混亂中，告訴我，家人將他們自己應負的責任丟在我身上，而我唯一的選擇只有脫離那種不良的環境和家人——那麼，我應該怨恨家庭嗎？應該埋怨這一切使我在人生中跌了一大跤嗎？可與此同時，我曉得自己在那樣的環境中仍然被愛著、被餵養著長大，我無法理直氣壯地埋怨自己的家庭，甚至反而為自己生在這個家裡，擁有了從逆境中走來的力氣而有些小小的驕傲。這又是為什麼呢？

教科書裡沒有答案，我開始尋找我們這群人即便受了傷，仍願意為家付出的原因。

重看我的家人

或許，這個家從來沒有破碎，只不過是重新整合。使我們成為「家人」而牽繫起來的，不僅是父母或孩子的角色而已，「家」，本是超過任一個標籤能容納的所在。

看見每個家人的傷口

即便意識到教育和階級將我的家庭拆解得支離破碎，然而，直到老師提醒，我才發覺自己對家庭的概念，仍然被「核心家庭」的想像框架住了，因而感覺自己在原生家庭與外婆家之間不斷流轉，像失根的浮萍一樣難尋歸屬。

如果要我對「家庭」給個定義，或許便是「分享生活的所有家人所共同支撐起的空間」吧。

當我的父母因生涯考量而難以分身照料孩子時，外公、外婆撐起了養育的責任；而在父母的婚姻解體後，外公、外婆又再一次地重新承接住母親、我和妹妹三個脫出的個體。年事已高的外公和外婆心力交瘁地照顧我們兩個小孩，那些無處被容納的激烈情感只有訴諸於赤裸的言語暴力，才能消融。

我所經歷到的，並不是在父母與外公外婆兩個家之間不斷被「丟包」，而無以尋求歸屬的疏離，這種以「夫妻軸」為中心的家庭想像，原本就是舶來品。

或許，這個家從來沒有破碎，只不過是重新整合，以因應父親離開的挑戰。

我們同在一個家庭裡，位置各有不同，但能夠使我們成為「家人」而牽繫起來的，不僅僅是父母或孩子的角色而已。我們的生命、互動都在不斷地彼此影響與扶持。即便我是孩子，也因認知到自己身為家庭的一分子，而感知到自己有著維繫這個家的責任。如果我想在家中找到自己的位置，在這個看來功能不彰的家庭中付出，試圖讓家庭繼續運作，那麼，或許我需要更透澈地去看見家裡每個成員的傷口，才能夠理解為何我們明明都受了傷，卻仍努力地將彼此圈在同一個家庭中。

我的外婆：受傷太深的靈魂

在訴說往事時，我總難忽略外婆的姿態：她的敏感、控制欲，幾乎占滿我青春期的記憶，即便到了今天，家人仍為了如何與她相處而不觸及「地雷區」頭痛不已。可她的身影是如此鮮明，彷彿隨時在與誰搏鬥著、不斷咒罵著命運——這樣的她究竟經歷過什麼呢？單單從喪子之慟開始訴說，似乎太過簡化她所對抗的一切，或許，應該從她口中的童年開始訴說。

・沒有自己的童年

就外婆所說，她的出生似乎被母親所遺忘，又或是大人未曾期待她能活過幾個月吧，總之，直到出生將近半年後，她的名字才被放進戶口當中，也因此對於自己的出生日期，她總是推說「不清楚」。每當看命理節目，外婆總是搶著說因為晚報戶口的關係，她應該是專家所指的占盡了優點的某個星座，但是當我們聊到那個星座也有什麼缺點時，她又連忙否認，搪塞不知道自己到底是何時出生的。

在外婆的身上容不得一點瑕疵，她總希望自己是完美的，只是生命待她不公，讓她困在這小小的鄉里中。

但她鍾愛自己的名字，或許因為鄉里間沒幾個人念得出讀音，這樣的獨特是她父親翻遍字典賦予她的一份寵愛。外婆最懷念的便是外出經商的父親，她出身有錢人家，父親每趟回家總會為她帶回最好的禮物。對她來說，有父親在的日子便是天堂。念書時，特別突出的成績，更讓她像公主般被大人捧在手心，另眼相待。

外婆在心中是認為自己本該能成就一番事業的，可是在她小學三年級時，父親因家族成命，放棄事業返鄉，竟抑鬱而一病不起，從此，外婆的生活便起了一百八十度的變化。

父親死後，親戚變賣了家中值錢的物產，只剩母親替人務農、幫辦外燴討生活。那年代，一個女人怎麼帶大四個小孩？於是，原本被視為寶貝的外婆，因為身為老大，一夕間必須開始幫忙家務，學業也因貧窮而被迫中斷，她必須工作賺錢，幫忙供弟弟、妹妹們上學。

・沒有自己的婚姻

後來，她嫁給了當教師的外公。在那個年代，教師職充其量餓不死，但外公得照料整個家族，根本難以負荷。左支右絀的生活加深了外婆的不安，她只能想辦法：在宿舍一角種杏鮑菇、養雞，貼補家用。

與當初父親對自己的照顧相較，沒能好好照顧家人的丈夫像個笑話，更不用提他在家族的壓迫下，沒能顧全他們這個小家庭。她輕視丈夫，自己過往優異的讀書成績使她深信若她身為男性，必然比丈夫稱職。

於是，她將全心都放在從小成績優異的兒子身上，就像過去父親對她那樣地寵溺，試圖在兒子身上成就自己未實現的夢想，卻沒有察覺自己複製了「母親為培養兒子而犧牲女兒」的過往。

但是她強烈的依賴和控制反而促使兒子逃離，他在北上離家前與家裡大吵一架，甚至揚言從此不認母親。

母子之間的衝突被外婆歸結是外公離間，然而，這份同樣的期待也壓在父親和我的身上。她未竟的願景幾乎成了所有人逃離她的原因。

也是這樣的期待，在唯一的兒子因酗酒引發肝炎猝死、大女兒離婚走向八大行業後，將她推向了更全面性的控制：為了不會再一次失去我和妹妹，我們只能和她睡在同一間房內；書桌被固定在客廳的一角，透過紗門就能看著我們監控；我沒有自己的時間，電話被全程監聽，洗澡被精密計算著洗了多久；我對自己的身體從來沒有所謂的自主權，外婆對男性的厭惡和對「性」的潔癖，混雜著我身為男性的矛盾，交織出我在青春期寸步難行的困境。

‧愛得太深，卻只學會以恨來表現

外婆的生活是個悲劇，是在世代下性別的擺弄。她用盡全力愛身邊的人，然而她給予愛的方式，只是為了將對方的人生形塑成自己從無機會體驗的一切，正因如此，她的那些期待龐大得幾乎沒有一個人背負得起。

直到今天，她仍然不斷地吁嘆、咒罵著命運的殘忍。但或許殘忍的是——經歷了生命中的變故後，外婆轉身成了悲劇的一部分，並且歲歲月月年年地始終上演著這場悲劇。

那段形塑著外婆的長久生活裡，所經歷的種種在她還來不及和解時，便將她狠狠地扭曲了。太過害怕失去，卻又無力改變什麼，因此她只能用最惡毒的語言去威脅，維護著這一切。她那些囤積的動作不斷在確保著生存的可能，儀式化的行為強化了她能夠掌握自我生活的假象。

而我一直到後來才有能力看見——外婆不過是愛得太深，卻只學會了以恨來表現。

那樣的恨，使我們焦急而倉皇地想從那些控制中離開。然而，當我理解了她在過往人生中所受的傷，才發現在她追求完美的背後，帶著多大的不安：她想像著自己要多麼完美才足以留住身邊的人，於是，愛轉變成埋怨和控制，痛得讓每個接近的人都受了傷。

若我不曾回頭，幾乎要忘了在幼年時，當外婆的期待尚未破滅時曾有的溫暖時光，忘了和她在學校宿舍裡共度的時光，我們摺紙、閱讀，接近中午時，分享著附近快餐店裡她最愛的旗魚排便當。推開宿舍的木門，聞到的是一股黴菌、灰塵混合著木頭在陽光下曬出的氣味，不知道為什麼，我幾乎忘了在那裡發生的一切，卻還記得那樣的氣味。

也許愛有時傷人，甚至沉重到幾乎令人窒息，可似乎就是這些小小的時刻，讓那其中扎人的部分慢慢消融，而將我們彼此始終牽繫在一起吧？

我的外公：從死亡看見家庭的可能性

相較於外婆的性格，外公在家中幾乎無聲。

我曾在心底輕視外公的假道學，嘲笑他表面腐儒，暗地卻見風轉舵、搧風點火。在我升大學之際，外公的表面功夫燃旺了外婆的一腔憤恨，促發最後她到學校撕碎志願表的行動，外公卻仍雲淡風輕地要我朝自己的方向努力。

可是，每回當外婆咬牙切齒地咒罵著一切時，總也是他默默地帶回便當給一家裹腹。我上國中時，每天中午，外公總會提前到自助餐店買飯，下課時便提著鐵盒便當等在校門口。我也記得盛夏的雷雨季中，外公總在我放學時，撐著傘接我和妹妹上他那輛蠟味揮不去的小車，左邊車門有點鬆脫，總是要重複關個幾次，側耳靠在門邊時會有呼呼的風聲。

這好像便是外公在家中一直以來的角色吧，默默地支撐著家庭，無論是在他的原生家庭，或是自己建立的家庭當中。

・舊時代的男人縮影

外公其實是家中的老二，但因大哥年輕時便遷徙到日本，之後和家裡也不常往來，至多是一年見上一次面吧。在這樣的情況下，家裡自然將外公視作長子。國小教師的職業在眾手足中已是成就最高的了，也因此，家族經常需要他支援。

對於自己的過去，外公幾乎不曾提及，但我從外婆的抱怨中聽過斷續的片段。他便是那個農村時代的男性縮影吧：沉默寡言，將家中的壓力一肩扛起，無法承擔時，便到外頭借酒澆愁。

而這便是外婆最怨懟的部分。她說，外公當時是學校的金牌老師，難免有一堆家長巴結，每天她總要到鄰鎮的酒家找人，卻往往換得一頓咒罵和毒打。

「你們如果看到他當時的樣子，哪裡像個老師？我一輩子都不會忘記！」外婆說。

我難以想像外公有那樣的過去，或許就是那個年代裡男人的樣貌吧？社會對男人的期望，使他們生活中的壓力與埋怨沒有出口，外婆的強勢更不斷提醒著外公那些壓抑的不平，鬱積在胸口的一股煩悶只能在酒後一股腦地抒發出來──酒精不過是一個觸媒，方便他遺忘醉後自己的失態，明早起來依舊是「漂泊的查埔人」。

．在我生命中，替代父親的男性

我和外公的感情，幾乎是因為「外婆」這個共同敵人而建立起來的。外公的情感難有出口，他不曾、也不願談論自己早年的事，只能夠靠著身為老師的驕傲，以教導課業的方式來傳達情感。

過去我不懂為何他堅持要教我功課，只覺得他所用的教材和方法都早已被淘汰了，而我在學習上又幾乎不需要別人的指導，於是，外公賣力輔導的姿態成了我的一種負擔。

幾次埋怨後，外公只好從教育者的位置退位，他在家中的姿態於是徬徨，只能被外婆使喚著在家中的各個角落不斷巡邏，趁亍間逃匿到外婆不曾駐足的角落，以換得一些空間。那樣懦弱的姿態只換得我的輕視；但直到現在回頭去看，我才發現自己其實是跟隨外婆的標準，在檢視著外公身上那些「不像男人」的部分。

我總說自己在成長過程中，沒有可以做為男人的典範，但若不是外公的沉默與忍讓，我會不會被困在「男子氣概」之下而無法掙脫呢？

直到現在，我才明白，外公那沉默、懦弱的樣貌，反倒成了性別得以鬆動的養分，讓我不需緊緊守著男性的責任和角色，能依循自己的期望而活。

外公過世那刻，我終於允許自己放心愛著他，雖然我曾經恨過他。他便是在我生命中替代父親的男性。

愛與恨，其實可以並存。

・外公死亡，帶來了家的連結

早年關係的疏離和不確定，使我在重拾與家庭的連結後，再難分離。然而，外公的死亡，卻讓我看見家庭裡難以切割的情感，即使經歷過再多風雨，那一刻，我們都放下了複雜難解的心結，全心回憶著外公的身影、樣貌和生活，記憶裡是滿滿的美好。

外公的死亡並未帶來關係上的斷裂，接踵而來對家庭的挑戰也並未使我們變得疏離和脆弱，而是以一種形式維持著韌性，如同一條橡皮筋，無論使力拉扯得多遠、張力多大，放開手，終究會回到它原來的位置和形狀。

也因此，我不再害怕分離會帶來關係的斷裂。我相信，無論離開家多遠，總有牽繫和愛在身後，如同扯著風箏的那隻手——而我曉得牽引著的，是家人間存在的愛。

我的母親：泥濘中成就的不平凡

我對家庭的責任，是從國中的一個晚上開始的。

那天晚上，母親因為上班陪酒，喝到站不直，我幫忙母親的男友將她架上床。我和妹妹守在床邊，她拉起我們的手，嗚咽哭了。

「要媽媽做什麼都沒關係，媽媽每天陪在客人旁邊敬酒，每天蹲在馬桶邊吐，被怎麼樣羞辱都好，只要能給你們一個好的環境。媽媽什麼都肯，做什麼都沒關係，只要你們過得好就夠了。」

即使現實中不斷面臨和外婆之間的衝突，然而當我想到母親的話，那樣犧牲和容忍的愛，成了我們之間的共識和意義。我曉得，回應這份愛的方式，只有自己也同樣投入在這個家庭中。雖然成員間並非能夠時時照料著彼此，但對於親情的信念連結起的共識感，卻能克服現實中的種種挑戰。

或許在那一刻，我真實地看見了母親如何將家庭扛在自己肩上吧。

・母親的「草根」力量

成長的過程中，我從未看輕過母親所選擇的職業。對我而言，為了擔負起家庭的生計，為了離婚後帶著兩個孩子重新站起來，母親只能抓住所有可能的機會，那是在生活壓力下做出的妥協。她願意為此犧牲自己，甚至放棄能夠看著孩子成長的渴望，而將我們託付給外公、外婆，只為了不希望孩子在成長中受到複雜環境的影響。

那樣的決定，需要多大的愛才能夠支撐？

而隨著大學時期與母親一起工作的接觸，我也越發了解母親的成長歷程。

小時候，由於父母都為生計奔走，她從小便學會煮飯，當時還用木柴燒灶，國小的母親身高不夠，炒菜時都得站在椅子上。那時外婆其實早早便回到家了，卻從未下廚，只是使喚她在廚房張羅好一家人的飲食，可是她的哥哥卻連一丁點家事都不用做，小一歲的妹妹個性像外婆一樣敏感，日後還經常因為口角而離家出走。

看著家裡的情況，母親只能告訴自己必須早點懂事。

她在家中努力分擔雜務，在學校也保持著優異的成績，只是在家中資源有限的狀況下，身為女孩的她終究難以抵擋性別限制，父母一路將資源投注在哥哥身上，她只能夠遵從父母的期待去讀職業學校，一下課就得返家洗衣、煮飯。

高職時，她交了一個男友，兩人已論及婚嫁了，外公和外婆卻認為男方配不上自己家，強行安排母親北上工作，結果湊成了她和父親的結合。

母親一直努力為生活尋找出路，即便面臨婚變也從未被打敗。

面對丈夫逐漸不拿生活費回家，她除了被拉著上山下海到各個宮壇作法，祈求丈夫回歸家庭外，也馬不停蹄地外出工作，即便得進入會受輕視的八大行業也毫不遲疑。一旦看見機會，她更是不放過，立刻投入了能量寶石的領域，又為了拓展服務範圍而進修命理、風水的相關知識，近年更因為朋友而接觸到房地產買賣。

她從來沒有被生活打敗，無論遭遇什麼樣的挫折總是能再爬起來，將其做為養分而更加茁壯。那是母親的「草根」力量，同時也在其中培養了我對逆境的涵容。

·穿過母親的傷口，我更貼近這個家

而我看著母親在生活當中流轉，在意的其實是自己無力承擔起那一切——那樣的責任一部分來自於身為長子的使命感，一部分則出於我一直以來對離婚事件的誤解。

小時候，我一直認為父母離異是因為父親厭惡我，於是母親的遭遇、工作，和這個家裡發生的一切一切，全都來自於我身上那如同附骨之蛆一般的詛咒。縱使後來慢慢拼湊出父母離婚的始末，卻無法不去拚命補償自己可能對家造成的傷害。我不得不去思考自己能夠為家庭付出些什麼，甚至在憂鬱時，也不斷想辦法維持著對家庭付出，最終只能以退學收場。

也許這便是我在父母離婚事件中所受的傷吧。

但即使如此，又怎麼樣呢？在成長的路上，幾個人不曾受過傷？

我並不是在否認那傷口對我的重要性；相反地，那些傷確實重要。

然而，卻不是我止步的理由。

這些傷口的重要性在於：我能夠藉由這些傷口學習什麼、貼近他人些什麼，並且能從傷口中重新思考家庭的意義，進而重組自己對「家庭」的認知。而我慶幸自己從母親的生命歷程中，傳承了一些韌性。

我的父親：從家庭出走的大孩子

父母剛離婚那段時期，父親每年總要求我和妹妹回去老家，他卻從未真正與我們有接觸，甚至未曾從他車子的後視鏡看過我倆的身影。他不曉得我們讀幾年級、身高多高、在學校裡做些什麼，自然更不可能談起我們在家裡遭遇過什麼。

每年回到老家，總是一樣，從小年夜到年初三，我待在一個無人可以互動的場所，偶爾有大人經過時會對我和妹妹耳提面命說：「爸媽離婚是他們的事，你們還是要孝順爸爸，知道嗎？」

可是我們和父親之間是如此陌生，唯一的接觸在每年的年初三，父親吆喝一群部屬吃飯。飯局中，我們沉默以對，對父親不知道是拉不下臉，或是因接觸太少而沒有任何話題。我除了沒有話題以外，其實顧慮到倘若與他互動，會對外公、外婆有些罪惡。

同桌的叔伯在酒酣耳熱之際總拉過我們到一旁，責罵我們不懂孝道，父親只能在酒後向他們吐苦水，說我們不接他的電話、不曾叫過他一聲爸爸，他們講的音量恰好要讓父親聽見。接著，我們被叔伯拉著向父親鞠個躬，叫聲好。

其實我們從未有過父親的來電，他甚至沒有我們的電話號碼。每回返鄉那段難捱的路程上，他想找話題攀談，總是問：「你們換手機了嗎？」

沒有。我和妹妹的手機號碼十數年未換，父親只是從未真正把我們的號碼，輸入他的手機中。

・沉默的男人，其實渴望被愛

後來回看父親，其實為他感到難過。他出身漁村大家庭，母親在丈夫因戰爭喪命，帶著一個女兒改嫁後，又陸續生下了十名子女。父親排行三男，在大哥走偏、二哥離鄉背井的情況下，家中的期望大多寄託在聰穎的父親身上。

後來我總覺得，其實父親在一定程度上鄙夷當時總在外流連喝酒的爺爺，使得家中的經濟與家務都由奶奶一肩扛起，帶著十個子女到處跟會、工作，勉強餬口度日。或許父親和我一樣，曾有一刻暗中立誓不要成為像他的父親一樣的人，他要好好對待家人，要保障家庭的經濟收支，還要看著兒女成長。

在他的年代裡，只能靠著翻身成為一個負責任的男人，得擺脫貧窮，才能保障一家人的生計。他汲汲營營地向上爬，卻在過程中迷失了自己。

在母親口中，父親曾經努力想成為一個好爸爸，即便忙於工作，總會空下週末時間開兩個小時的車，只為到外婆家，帶給我各種新奇的玩具。在我腦震盪住院時，父親徹夜未眠地守在病床邊，直到家人擔心他的體力無法負荷而被苦勸回家。

可是，這些片刻都隱藏到哪裡去了呢？或許是透過「父」與「子」的隱性傳承，男人在情感上必須隱藏切割的「堅毅」當中吧。因而，我從未感受到父親對我的關懷，即便再努力尋找記憶片段，也只找得到在飯桌上，我仰望著父親的側臉。

「沉默」便是男性在家中支撐起家庭的樣貌，然而，這樣的樣貌終究無法容納男性身為一個人所產生的情感。父親只能夠將自己從未被照料而渴望受寵愛、受照顧的部分，分化到家庭之外，以外遇的方式吸融這些情感；那是他那一代的男性在經濟起飛下的樣板，在經濟環境逐漸豐盈的同時，也助長了他們照顧自我情感的需求。

於是，父親再也不願回家去當那個沉默的、肩負起一切責任的山丘，卻仍舊保有一份自私的期望，希冀自己身上男性的部分能夠被下一代傳承。

・唯一的一次，真情流露

我唯一感覺到與父親真實相處的時刻，是在國中。父親作東邀朋友到ＫＴＶ，我們被酒後的電話吆喝到了現場，那是我唯一看見父親情感流露的時刻。

他以充滿酒意的聲音嘟囔著對不起我們兩個小孩，他很想念我們，卻因為外公、外婆的阻擋而不敢跟我們聯繫……

一旁的母親以聲色場所鍛鍊出的交際手腕，為我們擋下了其他叔伯們的指責，「來，那些不愉快的都已經過去了，現在大家都過得很好。我們乾杯，那些不愉快就不用再說了。」

酒局的最後，我們大家都喝了點酒，回程時在微醺的狀態下，聽著妹妹抱怨，「他每次都是這樣，喝了酒就到處說後悔，可是到頭來什麼都沒做。」

好像是如此，父親在那次失態後未再與我們聯繫；往後見面時，也總是擺出一副高高在上的姿態。即便他從未真正對我們付出過什麼，仍舊習慣性地戴著一副男性的盔甲，坐在王位之上，心想著只要撐出一個成功男性的姿態，就足以成為合格父親的形象。

那便是我憤怒的源頭，我想要相處的，並不是戴著皇冠、滿口道德的理想父親，而是一個有血有肉、能夠接受自己曾經軟弱也曾犯過錯的男人。

我始終記得那個晚上父親酒後吐露的言語，即便不曉得其中包含了多少被放大的情緒，然而在那一刻，他允許自己軟弱的人性面顯露在自己的孩子面前，才是我心中真正看見父親這個「人」的唯一時刻——而那成為我從男性氣概的框架中出走、不願意被性別束縛住的動力。

家的存在，超越了一切定義

我的家庭有如一輛老爺車，在經濟壓力下只能不斷往前，於是全家動員，懷著難以消解的情感，東拼西湊地填補那些失去功能的零件，要讓這輛兩光的拼裝車全速往前。過程中，沒有單親或隔代的隔閡。

這樣的理解使我開始思考：同在一輛車上的家人，或許都有各自的難處和背負的重量，鑲嵌在彼此的成長過往當中。

「家」，本是超過任一個標籤能容納的所在。

參考書目

• 《家族再生——逆境中的家庭韌力與療癒》（*Strengthening Family Resilience, 2nd ed.*），芙瑪・華許博士（Froma Walsh, PhD）著，江麗美、李淑珺、陳厚愷譯，心靈工坊出版。

• 《父母離婚後——孩子走過的內心路》（*The Unexpected Legacy of Divorce—A 25 Year Landmark Study*），朱蒂斯・沃勒斯坦（Judith S. Wallerstein）、茱莉亞・劉易斯（Julia M. L.）、桑德拉・布萊克斯利（Sandra B.）著，張美惠譯，張老師文化出版。

• 《故事、知識、權力——敘事治療的力量》（全新修訂版）（*Narrative Means to Therapeutic End*），麥克・懷特（Michael White）、大衛・艾普斯頓（David

Epston）著，廖世德譯，心靈工坊出版。

- 《心理韌性的力量——從創傷中自我超越》（*Un Merveilleux Malheur*），鮑赫斯・西呂尼克（Boris Cyrulnik）著，謝幸芬、林德祐譯，心靈工坊出版。
- 《變形記——卡夫卡中短篇小說選》，卡夫卡（Franz Kafka）著，柳如菲譯，海鴿出版。
- 《國境之南、太陽之西》，村上春樹著，賴明珠譯，時報出版。
- 《人間失格》，太宰治著，劉子倩譯，漫遊者文化出版。
- 《解放男人》，王行著，探索文化出版（已絕版）。
- 〈行動中家庭的故事〉，劉惠琴著，《應用心理研究》第三十八期，十七—五十九頁。

國家圖書館預行編目資料

標籤不能決定我是誰：破土而出的黑色生命力／莊詠程著. --初版. --臺北市：寶瓶文化, 2019.2, 面； 公分. --(Vision；173)
ISBN 978-986-406-146-4 (平裝)
1.莊詠程 2.心理治療師 3.生活指導

177.2 107023878

Vision 173

標籤不能決定我是誰——破土而出的黑色生命力

作者／莊詠程

發行人／張寶琴
社長兼總編輯／朱亞君
副總編輯／張純玲
資深編輯／丁慧瑋
編輯／林婕伃・周美珊
美術主編／林慧雯
校對／丁慧瑋・陳佩伶・林俶萍・莊詠程
營銷部主任／林歆婕 業務專員／林裕翔 企劃專員／李祉萱
財務主任／歐素琪
出版者／寶瓶文化事業股份有限公司
地址／台北市110信義區基隆路一段180號8樓
電話／(02)27494988 傳真／(02)27495072
郵政劃撥／19446403 寶瓶文化事業股份有限公司
印刷廠／世和印製企業有限公司
總經銷／大和書報圖書股份有限公司 電話／(02)89902588
地址／新北市五股工業區五工五路2號 傳真／(02)22997900
E-mail／aquarius@udngroup.com

法律顧問／理律法律事務所陳長文律師、蔣大中律師
如有破損或裝訂錯誤，請寄回本公司更換
著作完成日期／二〇一八年十一月
初版一刷+日期／二〇一九年二月十三日
ISBN／978-986-406-146-4
定價／三四〇元

AQUARIUS 寶瓶文化事業

愛書人卡

感謝您熱心的為我們填寫，
對您的意見，我們會認真的加以參考，
希望寶瓶文化推出的每一本書，都能得到您的肯定與永遠的支持。

系列：Vision 173　**書名：標籤不能決定我是誰──破土而出的黑色生命力**

1.姓名：____________　性別：□男　□女

2.生日：____年____月____日

3.教育程度：□大學以上　□大學　□專科　□高中、高職　□高中職以下

4.職業：____________

5.聯絡地址：______________________________

聯絡電話：____________　手機：____________

6.E-mail信箱：____________________

□同意　□不同意　免費獲得寶瓶文化叢書訊息

7.購買日期：____年____月____日

8.您得知本書的管道：□報紙／雜誌　□電視／電台　□親友介紹　□逛書店　□網路
□傳單／海報　□廣告　□其他

9.您在哪裡買到本書：□書店，店名________　□劃撥　□現場活動　□贈書

□網路購書，網站名稱：________　□其他________

10.對本書的建議：（請填代號　1.滿意　2.尚可　3.再改進，請提供意見）

內容：________________

封面：________________

編排：________________

其他：________________

綜合意見：______________________________

11.希望我們未來出版哪一類的書籍：______________________

讓文字與書寫的聲音大鳴大放

寶瓶文化事業股份有限公司

（請沿此虛線剪下）

廣　告　回　函
北區郵政管理局登記
證北台字15345號
免貼郵票

寶瓶文化事業股份有限公司　收

110台北市信義區基隆路一段180號8樓

8F,180 KEELUNG RD.,SEC.1,

TAIPEI.(110)TAIWAN R.O.C.

（請沿虛線對折後寄回，或傳真至02-27495072。謝謝）